Schiller-Studien 1 · 2021

Schillers Krankheiten

Pathographie und Pathopoetik

Herausgegeben von
Helmut Hühn, Nikolas Immer und Ariane Ludwig

im Auftrag des
Schillervereins Weimar-Jena e. V.

Wehrhahn Verlag

Bibliografische Information der Deutschen Nationalbibliothek

Die Deutsche Nationalbibliothek verzeichnet diese Publikation in der Deutschen Nationalbibliografie; detaillierte bibliografische Daten sind im Internet über https://portal.dnb.de abrufbar.

1. Auflage 2022
Wehrhahn Verlag
www.wehrhahn-verlag.de
Layout: Wehrhahn Verlag
Umschlagabbildung:
Druck und Bindung: Mazowieckie Centrum Poligrafii

Inhalt

Helmut Hühn und Nikolas Immer

Leben mit der Krankheit
Pathographie und Pathopoetik

Friedrich Schillers Gesundheit lässt von früher Jugend an zu wünschen übrig. Häufig ist er krank.[1] Allein während der ersten beiden Jahre auf der Militärakademie zwingen nicht weniger als sieben Erkrankungen den Zögling zur Unterbrechung seiner Studien. In Mannheim steckt sich Schiller mit der dort grassierenden Malaria an, die ihm in wiederkehrenden Fieberanfällen mehrere Monate zusetzt. In Jena erkrankt er zu Beginn des Jahres 1791 an einer Lungenentzündung, die einen lebensbedrohlichen Verlauf nimmt – und in der Folge sogar das Gerücht von seinem frühen Tod aufkommen lässt. Über den Ausbruch und die Entwicklung dieser Krankheit berichtet Schiller dem Freund Christian Gottfried Körner am 22. Februar ausführlich. Der studierte Mediziner[2] gibt im Rahmen seiner Pathographie in nüchterner und präziser Sprache eine ungeschönte Selbstdiagnose:

> Endlich nach einer langen Unterbrechung kann ich mich wieder mit Dir unterhalten. Meine Brust, die noch immer nicht ganz hergestellt ist, erlaubt es nicht, daß ich viel schreibe, sonst hättest Du schon früher einen Brief von mir erhalten. Dieser noch fortdauernde Schmerz auf einer bestimmten Stelle auf meiner Brust, den ich bei starkem Einathmen, Husten oder Gähnen empfinde und der von einem Gefühl der Spannung begleitet ist, beunruhigt mich in manchen Stunden, da er durchaus nicht weichen will, und läßt mich zweifeln, ob meine Krankheit durch eine vollkommene Crise gehoben ist. Alles andre geht

sonst gut, Appetit, Schlaf, Kräfte des Körpers und der Seele, obgleich
die Kräfte sehr langsam sich einstellten. Es machte meine Krankheit
gefährlicher, daß sie Recidiv war. Schon in Erfurt erlebte ich einen
Anfall, der aber durch einen dortigen nicht ungeschickten Artzt mit zu
weniger Aufmerksamkeit behandelt und weniger kurirt als zugedekt
wurde. Gegen 8 Tage nach diesem ersten Anfall befand ich mich
wohl, in Weimar wo ich gegen 3 Tage war fühlte ich gar nichts, aber
schon den andern Tag nach meiner Heimkunft, wo ich wieder zu lesen
angefangen hatte, kam das Fieber und nahm mit großer Heftigkeit
zu. Doch war die Krankheit mehr Seitenstich als Lungenentzündung,
welche höchstens auf der Oberfläche rechter Seits inflammirt war.
Am 3ten Tag spie ich Blut und empfand etwas von Beklemmungen,
welche mich aber durch die ganze Krankheit wenig plagten. Auch
der Schmerz auf der Seite und der Husten, war bei der Heftigkeit
des Fiebers überaus mäßig: Einige starke Aderläße, Blutigel, zweimal
Vesicatorien auf der Brust verschafften mir Luft. Der blutige Auswurf
färbte sich bald und hatte guten Eiter. Nur die üble Einmischung des
Unterleibs machte das Fieber complicirt. Ich mußte purgirt und vomirt
werden. Mein geschwächter Magen brach 3 Tage lang alle Medizin
weg. In den ersten 6 Tagen konnt ich keinen Bißen Nahrung zu mir
nehmen, welches mich bey so starken Ausleerungen der ersten und
zweyten Wege und der Heftigkeit des Fiebers so sehr schwächte, daß
die kleine Bewegung, wenn man mich vom Bette zu dem Nachtstuhl
trug mir Ohnmachten zuzog und daß mir der Arzt vom siebenten
biß eilften Tag nach Mitternacht mußte Wein geben lassen. Nach
dem Siebenten Tag wurden meine Umstände sehr bedenklich, daß
mir der Muth ganz entfiel aber am 9ten und 11ten erfolgten Crisen.
Die Paroxysmen waren immer von starkem Phantasiren begleitet,
aber das Fieber in der Zwischenzeit mäßig und mein Geist ruhig.
Reichliche Schweiße, Auswurf und Stuhlgang machten die Crise aus,
von der ich jedoch zweifle, ob sie vollständig war. Erst 8 Tage nach
Aufhören des Fiebers vermochte ich einige Stunden außer dem Bette
zuzubringen, und es stand lange an, ehe ich am Stock herum kriechen
konnte. Die Pflege war vortreflich, und es trug nicht wenig dazu bey,
mir das Unangenehme der Krankheit zu erleichtern, wenn ich die
Aufmerksamkeit und die thätige Theilnahme betrachtete die von
vielen meiner Auditoren und hiesigen Freunden mir bewiesen wurde.
[...] Uebrigens war es, ehe Dein letzter Brief noch ankam, schon
bei mir beschloßen, den academischen Fleiß meiner Gesundheit
nachzusetzen. Außerdem daß die noch fortdauernde schmerzhafte
Spannung meiner Brust mir es zweifelhaft macht, ob meine Lunge
nicht noch schlimme Folgen von dieser Krankheit trägt, mußte mir

die Heftigkeit des gehabten Anfalls die größte Schonung auflegen. Daß ich diesen Winter nicht mehr lese, versteht sich von selbst, aber auch den Sommer habe ich beschloßen, noch auszuruhen. Selbst wenn ich dieses meiner Gesundheit nicht schuldig wäre, würde mir die Anhäuffung schriftstellerischer Geschäfte, worunter der Calender sich befindet, keine andere Wahl erlauben.[3]

I.

Auch wenn die akuten Beschwerden im Laufe des Jahres abklingen, bleibt die Krankheit chronisch. An ihren Folgen leidet Schiller in den 14 Jahren bis zu seinem Tod. Es ist die Krankheit, die eine ganz eigene Lebensform verlangt: Ihretwegen müssen vielfältige Rücksichten genommen werden, bleiben wiederholt Arbeiten liegen, wollen sich ›poetische Stimmungen‹ nicht einstellen, muss mit großem Aufwand kommuniziert werden, drängt sich die Körperlichkeit der eigenen Existenz immer wieder auf. Nachrichten über Schiller schließen nach der lebensbedrohlichen Erkrankung von 1791, wie ein Brief Carl Leonhard Reinholds an Carl Albrecht Reinhold Baggesen zeigt, meist auch Mitteilungen über seinen jeweiligen Gesundheits- bzw. Krankheitszustand ein:

> Schiller hielt sich nach seiner Zurückkunft von Karlsbad einige Tage in Jena auf. Wie schlimm es noch immer mit seinen Gesundheitszuständen stehen müsse, können Sie daraus schließen, daß er sowohl als sein Arzt damit zufrieden sind und es für ein gutes Zeichen ansehen, daß er durchs Bad nicht schlimmer geworden ist, als er vorher war. Seine Eingeweide sind, ich befürchte fast, unheilbar zerrüttet.[4]

Schiller selbst hat in Briefen an Freunde und Bekannte immer wieder die Krankheit und ihre zahlreichen Symptome themtasiert: Krämpfe, Schlaflosigkeit, Atemnot, Erstickungsanfälle, Verdauungsstörungen, Koliken, Fieber.

Dabei wird der hemmende Einfluss auf aktuelle Arbeitsprojekte regelmäßig hervorgehoben. Schiller wird sich mehr und mehr bewusst, dass ihm zur Erreichung seiner literarischen Ziele nicht viel Zeit bleiben werde. So schreibt er am 31. August 1794 in einem der ersten Briefe an Johann Wolfgang von Goethe zu Beginn ihrer Freundschaft:

> leider aber, nachdem ich meine moralischen Kräfte recht zu kennen und zu gebrauchen angefangen, droht eine Krankheit, meine physischen zu untergraben. Eine große und allgemeine Geistesrevolution werde ich schwerlich Zeit haben, in mir zu vollenden aber ich werde thun was ich kann, und wenn endlich das Gebäude zusammenfällt, so habe ich doch vielleicht das Erhaltungswerthe aus dem Brande geflüchtet.[5]

Als Schiller wenige Tage später zum ersten Mal einer Einladung Goethes nach Weimar Folge leistet, fühlt er sich veranlasst, diesem zuvor die besonderen, durch die Krankheit auferlegten Bedingungen seiner Existenz mitzuteilen:

> Mit Freuden nehme ich Ihre gütige Einladung nach Weimar an, doch mit der ernstlichen Bitte, daß Sie in keinem einzigen Stück Ihrer häußlichen Ordnung auf mich rechnen mögen, denn leider nöthigen mich meine Krämpfe gewöhnlich, den ganzen Morgen dem Schlaf zu widmen, weil sie mir des Nachts keine Ruhe laßen, und überhaupt wird es mir nie so gut, auch den Tag über auf eine *bestimmte* Stunde sicher zählen zu dürfen. Sie werden mir also erlauben, mich in Ihrem Hause als einen völlig Fremden zu betrachten, auf den nicht geachtet wird, und dadurch, daß ich mich ganz isoliere, der Verlegenheit zu entgehen, jemand andres von meinem Befinden abhängen zu laßen. Die Ordnung, die jedem andern Menschen wohl macht, ist mein gefährlichster Feind, denn ich darf nur in einer bestimmten Zeit etwas bestimmtes vornehmen *müssen*, so bin ich sicher, daß es mir nicht möglich seyn wird.
>
> Entschuldigen Sie diese Präliminarien, die ich nothwendiger weise vorher gehen laßen mußte, um meine Existenz bey Ihnen auch nur möglich zu machen. Ich bitte bloß um die leidige Freyheit, bey Ihnen krank seyn zu dürfen.[6]

Auch im weiteren Briefwechsel zwischen Schiller und Goethe spielt die Krankheit fortan eine wichtige Rolle.[7] Zu den Beschreibungen der Beschwerden der Krankheitszustände treten die der körperlichen Anstrengungen des Dichtens hinzu, die Schiller pointiert zum Ausdruck bringt:

> Mit meiner Gesundheit geht es noch nicht viel beßer. Ich fürchte, ich muss die lebhafte Bewegungen büssen, in die mein Poetisieren mich versetzte. Zum Philosophieren ist schon der halbe Mensch genug und die andere Hälfte kann ausruhen; aber die Musen saugen einen aus.[8]

II.

Nach einem Besuch bei Schiller in seinem Jenaer Gartenhaus notiert Goethe unter dem 6. Mai 1799 in seinem Tagebuch: »Er [Schiller] erzählte die Geschichte seiner Krankheit.«[9] Von Anfang an bringt er großes Verständnis für Schillers Leiden auf. Nach dessen Tod entfaltet Goethe in seinem *Epilog auf Schillers Glocke* (1805) ein pathopoetisches Modell, das Epoche macht. Auch die spätere Schiller-Pathographie wird es in vielfältiger Weise aufgreifen. Goethe würdigt auf der Basis eigener, intimer Kenntnis nicht nur die einmalige dichterische Leistung des Freundes, sondern zugleich auch dessen andauernde körperliche Beeinträchtigungen:

> So kennt ihr ihn, wie er mit Riesenschritte
> Den Kreis des Wollens, des Vollbringens mas,
> Durch Zeit und Land der Völker Sinn und Sitte,
> Das dunkle Buch, mit heiterm Blicke las;
> Doch wie er athemlos in unsrer Mitte
> In Leiden bangte, kümmerlich genas,
> Das haben wir in traurig schönen Jahren,
> Denn er war unser, leidend mit erfahren.

Ihn, wenn er vom zerrüttenden Gewühle
Des bittern Schmerzes wieder aufgeblickt,
Ihn haben wir dem lästigen Gefühle
Der Gegenwart, der stockenden, entrückt,
Mit guter Kunst und ausgesuchtem Spiele
Den neubelebten edlen Sinn erquickt
Und noch am Abend vor den lezten Sonnen
Ein holdes Lächeln glücklich abgewonnen.

Er hatte früh das strenge Wort gelesen,
Dem Leiden war er, war dem Tod vertraut.
So schied er nun, wie er so oft genesen,
Nun schröckt uns das, wofür uns längst gegraut.[10]

III.

Mit seiner dichterischen Vergegenwärtigung von Schillers Leiden reiht sich Goethe in eine lange Tradition literarischer Darstellungen kranker Menschen und Figuren.[11] Schiller wiederum hat nicht nur in seinen medizinischen Schriften Fallbeispiele erkrankter Personen geschildert,[12] sondern auch in seinen literarischen Werken leidende und kranke Figuren pathopoetisch gestaltet. Der Begriff ›Pathopoeia‹ (griech. ›Erregung der Leidenschaften‹) lässt sich historisch auf die Musiktheorie der Frühen Neuzeit zurückführen. Schon der Rostocker Komponist und Dichter Joachim Burmeister schreibt in seinem *Hypomnematum Musicae Poeticae* (1599): »*Pathopoeia* fit quando textus semitoniis ita explicatur, ut quod affectus creët nihil ejus intentatum relinqui videatur.«[13] (»*Pathopoeia* geschieht, wenn der Text durch Halbtöne derart ausgedrückt wird, daß niemand durch den hervorgebrachten Affekt unberührt bleibt.«[14]) Bezeichnet wird folglich eine musikästhetische Repräsentationsfigur für Leid, Trauer und Schmerz, die auch darauf abzielt, diese Affekte bei den Rezipient*innen hervorzurufen. In Analogie dazu lassen sich mit dem Begriff ›Pathopoetik‹ die spezifischen Gestaltungsformen und -funktionen literarischer Krankheits- und Leiddarstellungen beschreiben.[15]

In welchem Maße die Disposition des leidenden Menschen den Gegenstand der Dichtung bildet, hat Goethe in seinem Brief vom 25. November 1797 an Schiller unterstrichen: »Die Poesie ist doch eigentlich auf die Darstellung des empyrisch pathologischen Zustandes des Menschen gegründet«.[16] Die Elegie *Amyntas*, die diesem Brief beigelegt wird, entfaltet mittels eines Naturbildes die Reflexion eines liebeskranken Menschen, der kein Heilmittel gegen seine ›Krankheit‹ anzunehmen trachtet.

Die literarische Verarbeitung von Krankheiten gewinnt im Verlauf des 18. Jahrhunderts zunehmend an Bedeutung: Ist es zunächst die Figur des Hypochonders, die im Theater der Aufklärung in Anlehnung an Molières populären *Malade imaginaire* (1673) in den Vordergrund rückt,[17] verlagert sich der Akzent spätestens mit dem von Karl Philipp Moritz begründeten *Magazin zur Erfahrungsseelenkunde* (1783–1793) auf die Darstellung psychischer Krankheitsbilder.[18] Diese Phänomene werden schon bald von den Romantikern aufgegriffen, wobei insbesondere Ludwig Tieck und E.T.A. Hoffmann Figuren mit psychischen Störungen gestalten.[19] Zugleich bleibt das Thema der Krankheit auch in der Lyrik präsent, wie etwa Adelbert von Chamissos lyrische Adaption *Der Kranke* (1829) belegt.[20] Stephanie Bölts hat gezeigt, dass es um 1800 vor allem Textgattungen der Erzählenden Prosa und der Dramatik sind, in denen Krankheiten thematisiert und dargestellt werden.[21]

Der klassische Ort für die Darbietung jener ›pathologischen Zustände‹ des Menschen, von denen Goethe gesprochen hatte, ist seit jeher die Tragödie. Kennzeichnend für diese Dramengattung ist ein dominierender, zumeist schicksalhafter Konflikt, dem sich der tragische Held stellen muss. In Schillers dramatischem Werk finden sich zahlreiche Konstellationen, in denen tragische Figuren gravierenden Leiderfahrungen ausgesetzt sind. Zugleich sind sie aber bestrebt, sich gegenüber diesen physischen oder psychischen Beeinträchtigungen zu behaupten. Diese Grundstruktur fundiert nicht nur Schillers Theorie des Pathetischerhabenen, sondern kann gleichsam als seine pathopoetische ›Grammatik‹ bezeichnet werden. So hat Schiller in seiner Schrift *Vom Erhabenen* »die beiden Fundamentalgesetze aller tragischen Kunst« formuliert: »*erstlich*: Darstellung der leidenden Natur; *zweytens*: Darstellung der moralischen Selbstständigkeit im Leiden.«[22] Bemerkenswert an diesen Überlegungen ist ferner, dass sie nicht allein auf innerdramatische Vorgänge, sondern auch auf die außerliterarische Wirklichkeit zielen. Demnach soll der tragische Held stellvertretend für die Rezipient*innen in existentielle Konflikte geraten, damit sie an seinem Beispiel eine Haltung einüben können, die sie gegenüber den Fährnissen des Lebens ›immunisiert‹.[23]

Dass sich Schillers pathopoetische Gestaltungskunst freilich nicht nur auf der Makroebene der Dramenästhetik, sondern auch auf der Mikroebene des Dramentextes beobachten lässt, belegt bereits der berühmte Eingangssatz aus seinen *Räubern*. Der Zweitgeborene Franz von Moor scheint zunächst sehr auf die Gesundheit seines Vaters bedacht zu sein: »Aber ist euch auch wohl, Vater? Ihr seht so blaß.«[24] Die Sorge um das Wohlergehen des Vaters wird sogleich mit der Feststellung verknüpft, seine Hautfarbe habe sich auffällig verändert. Dabei gilt die Blässe oder Bleiche als Symptom einer körperlichen Erkrankung: »Von einem Menschen sagt man: [...] Er ist bleich, wenn eine Krankheit ihm eine üble Gesichts Farbe giebt.«[25] Der Schweizer Arzt Samuel Auguste Tissot, dessen Werk *De la Santé des Gens des Lettres* (1768, *Von der Gesundheit der Gelehrten*) Schiller in seinem Medizinstudium kennenlernt und der Ende der 1770er Jahre sogar die Karlsschule besucht,[26] bringt in seinem *Traité des Nerfs et de leurs Maladies* (1778–1783, *Abhandlung über die Nerven und deren Krankheiten*) die Körperreaktion des Erblassens sogar mit dem Gemütszustand des Verdrusses in direkten Zusammenhang:

> Die äußerlichen von dem Verdruß bewürkten Veränderungen sind auffallend. [...] Die Augen werden merklich verändert; man wird blaß, gelb; und da die Ausdünstung übel erfolgt, so verändert sich auch die Haut auf eine besondere Art, sie wird trocken, rauh wie Chagrin und knorpelich.[27]

Diesen Verdruss, auf den die Blässe nach Tissot verweist, wird Franz seinem Vater im Anschluss erst noch bereiten, wenn er ihm von den vermeintlichen Verfehlungen des Erstgeborenen Karl berichtet. Gleichwohl ist festzuhalten, dass die anfängliche Feststellung, der Vater wirke blass, bereits darauf abzielt, ihn ›krank zu reden‹.[28] Diese perfide Taktik nimmt nicht nur das spätere Kalkül von Franz vorweg, den Vater psycho-physiologisch töten zu wollen, sondern erinnert in ihrer Niedertracht auch an Shakespeares Richard III., auf den Schiller in der Vorrede zu seinen *Räubern* ausdrücklich hinweist.[29] Beachtenswert ist in diesem Zusammenhang, dass in Johann Christoph Adelungs *Versuch eines vollständigen grammatisch-kritischen Wörterbuches der Hochdeutschen Mundart* unter dem Stichwort ›Blaß‹ ein Zitat von Christian Felix Weiße wiedergegeben wird: »Ein schrecklichs Blaß beziehet / Ihr jugendlich Gesicht«.[30] Dieses Zitat stammt zwar von Weiße, ist aber seiner Shakespeare-Adaption *Richard der*

Dritte (1759; Umarbeitung 1765) entnommen, die im Jahr der Erstpublikation von Schillers *Räubern* (1781) in einer neuen und verbesserten Auflage erscheint.[31] An diesem Beispiel wird deutlich, dass sich Schillers Pathopoetik zwar auf die Präsentation von Krankheitsbildern und -phäno-menen erstreckt, sich aber nicht darin erschöpft. Vor allem die Darstellung spezifischer körperlicher Symptome er-laubt es, sowohl an das zeitgenössische medizinische Wis-sen anzuschließen als auch intertextuelle Bezugshorizonte aufzurufen.

IV.

Aufgrund der Covid-19-Pandemie konnten die ›Schillerta-ge‹ des ›Schillervereins Weimar-Jena e.V.‹ im Jahr 2020 nicht stattfinden. Gleichwohl war es uns ein Anliegen, die Tradition der jährlich erscheinenden Schillerhefte nicht zu unterbrechen. Die weltweite Gesundheitskrise bot einen Anlass, das Thema *Schillers Krankheiten. Pathographie und Pathopoetik* aus drei Perspektiven in den Blick zu neh-men.

PETER-ANDRÉ ALT widmet sich Schillers zweiter Dis-sertation *De discrimine febrium inflammatorium et pu-tridarum* (1780) und der darin entfalteten typologischen Differenz von entzündlichem und faulig-kaltem Fieber. Alt macht nicht nur sichtbar, inwieweit Schiller an die zeitge-nössischen medizinischen Diskurse anschließt, sondern legt auch am Beispiel der *Räuber* und des *Don Karlos* offen, in welcher Weise Schiller das Fieber-Thema literarisch ad-aptiert. Dient die Krankheit einerseits dazu, den Antagonis-mus von Karl und Franz zu profilieren, wird sie andererseits mit der erzwungenen Untätigkeit von Don Karlos korreliert.

CORNELIA ZUMBUSCH untersucht die Bedeutung und Funktion der immunologischen Metaphorik in Schillers Briefen *Über die ästhetische Erziehung des Menschen* und in seiner Schrift *Über das Erhabene*. Zugleich eröffnet sie die kulturhistorische Perspektive auf die Konjunktur der Pockenschutzimpfung gegen Ende des 18. Jahrhunderts, die etwa Kant zu einer moralphilosophischen Stellungnahme herausfordert. Im Hinblick auf die *Braut von Messina* arbeitet Zumbusch unter besonderer Berücksichtigung der Funktion des Chors heraus, wie politische Affekte nach dem Modell der medizinischen Immunisierung abgewehrt werden.

WOLFGANG RIEDEL setzt sich mit der Bedeutung und Funktion des Todes in Schillers theoretischen Schriften und literarischen Werken auseinander, indem er auf die antike Tradition der *meditatio mortis* rekurriert. Wie Riedel anhand der Schrift *Über das Erhabene* ausführt, propagiert Schiller ein »Ethos der Selbstdistanz«, das über die Rezeption seiner tragischen Kunst geschult werden soll. Zwar lassen sich in Schillers Dramen nur wenige erhabene Todeskonstellation entdecken, jedoch sei die Haltung Talbots, die er im Sterben einnimmt, ein gleichsam exemplarischer Ausdruck der geforderten Selbstdistanz.

Jena, Trier, Weimar,
10. November 2021   Die Herausgeber

Anmerkungen

1   Vgl. zur Erforschung der Krankheitsgeschichte Wolfgang H. Veil:
    Schillers Krankheit. Eine Studie über das Krankheitsgeschehen in
    Schillers Leben und über den natürlichen Todesausgang. Leipzig
    1936; Wilhelm Theopold: Schiller. Sein Leben und die Medizin im
    18. Jahrhundert. Stuttgart 1964; Dietrich von Engelhardt: Schillers
    Leben mit der Krankheit im Kontext der Pathologie und Therapie
    um 1800. In: Georg Braungart und Bernhard Greiner (Hrsg.) unter
    Mitarbeit von Lutz-Henning Pietsch: Schillers Natur. Leben, Denken
    und literarisches Schaffen. Hamburg 2005, S. 57–73; Volker Hesse:
    Goethes und Schillers Beziehung zur Medizin. In: Christian Fleck
    (Hrsg.): Wegbereiter der modernen Medizin. Jenaer Mediziner aus
    drei Jahrhunderten. Von Loder und Hufeland zu Rössle und Bred-
    now. Jena 2004, S. 311–332; ders.: Friedrich Schiller – Arzt und
    Dichter – Schöpferkraft trotz Krankheit. In: Regine Romberg (Hrsg.):
    Friedrich Schiller zum 250. Geburtstag. Philosophie, Literatur, Medi-
    zin und Politik. Würzburg 2014, S. 91–129; Cornelia Zumbusch: Die
    Immunität der Klassik. Berlin 2011.
2   Vgl. Kenneth Dewhurst, Nigel Reeves: Friedrich Schiller. Medicine,
    Psychology and Literature. With the first English edition of his com-
    plete medical and psychological writings. Berkeley 1978; Wolfgang
    Riedel: Die Anthropologie des jungen Schiller. Zur Ideengeschichte
    der medizinischen Schriften und der *Philosophischen Briefe*. Würz-
    burg 1985; Heinrich Schipperges: Der Medicus Schiller und das Kon-
    zept seiner Heilkunde. In: Achim Aurnhammer, Klaus Manger und
    Friedrich Strack (Hrsg.): Schiller und die höfische Welt. Tübingen
    1990, S. 134–147.
3   Schiller an Körner, 22.2.1791. NA 26, 74 f. Zur medizinischen Ter-
    minologie in der Krankheitsdarstellung des Briefes: »Recidiv«, lat.
    ›Rückfall‹; »inflammirt«, ›entzündet‹, abgeleitet von lat. *inflammare*;
    »Vesicatorien«, d.h. blasenziehende Mittel (Zugpflaster, Blasenpflas-
    ter), der Begriff *vesicatorium* ist abgeleitet von lat. *vesica* ›Blase‹;
    »purgirt«, nach lat. *purgare* ›reinigen‹ mit der medizinischen Bedeu-
    tung ›abführen‹; »vomirt«, nach lat. *vomere* ›sich erbrechen‹; »Pa-
    roxysmen«, nach griech. παροξυσμός, ›Verschärfung‹, hier zur Be-
    zeichnung der Krankheitshöhepunkte oder heftiger Fieberanfälle. Vgl.
    NA 26, 492.
4   Carl Leonhard Reinhold an Carl Albrecht Reinhold Baggesen,
    16.9.1791. In: Aus Jens Baggesen's Briefwechsel mit Karl Leonhard
    Reinhold und Friedrich Heinrich Jacobi, Bd. 1. Leipzig 1831, S. 93.

5   Schiller an Goethe, 31.8.1794. NA 26, 32.

6   Schiller an Goethe, 7.9.1794. NA 27, 38 f.

7   Dass Goethe die Bedeutung von Schillers Erkrankungen keinesfalls
    unterschätzte, verdeutlicht auch der Umstand, dass er »Krankheits
    Hindernisse<n>« (GSA 68/1001, Bl. 1) in den für den von ihm her-
    ausgegebenen Briefwechsel mit dem Freund zunächst vorgesehenen
    Erläuterungen einen Ort zugewiesen hatte. Zu Goethes Ausgabe sei-
    nes Briefwechsels mit Schiller vgl. Ariane Ludwig: »Heiterer Morgen
    und Sonnenschein.« Goethes Arbeit an der Ausgabe seiner Korres-
    pondenz mit Schiller. In: Helmut Hühn, Nikolas Immer und dies.
    (Hrsg.): Schillers Nachleben in Goethes Denken und Dichten. Mit
    Beiträgen von Achim Aurnhammer, Helmut Hühn und Ariane Lud-
    wig. Weimar 2020, S. 72–124.

8   Schiller an Goethe, 29.8.1795. NA 28, 37.

9   GT II.1, 296.

10 Goethe: Epilog zu Schillers Glocke, zit. nach dem Erstdruck im Ta-
    schenbuch für Damen auf das Jahr 1806. In: MA 11.1.1, 645–647.

11 Vgl. z.B. Dietrich von Engelhardts Aufzählung »klassischer Patien-
    ten der Weltliteratur«: »Ajax, Hiob und Lazarus, Anfortas, der arme
    Heinrich, der rasende Roland, Ophelia, der eingebildete Kranke, Dr.
    Jekyll und Mr. Hyde, der Idiot, Castorp, Moosbrugger.« (Dietrich
    von Engelhardt: Der Kranke und seine Krankheit in der Literatur.
    In: Wilhelm Doerr, Hans Schaefer und Heinrich Schipperges (Hrsg.):
    Der Mensch in seiner Eigenwelt. Anthropologische Grundfragen ei-
    ner Theoretischen Pathologie. Berlin/Heidelberg 1991, S. 29–51, hier
    S. 29 f.).

12 Verwiesen sei exemplarisch auf Schillers Berichte über den Eleven
    Friedrich Joseph Grammont. Vgl. Ingo Stöckmann: Anthropologie
    und Zeichengemeinschaft: Schillers Grammont-Berichte. In: Jörn
    Steigerwald und Daniela Watzke (Hrsg.): Reiz, Imagination, Auf-
    merksamkeit. Erregung und Steuerung von Einbildungskraft im klas-
    sischen Zeitalter (1680–1830). Würzburg 2003, S. 127–145.

13 Ioachim Bvrmeister: Hypomnematvm Mvsicae Poeticæ. Rostochii
    1599, Kap. XX, nicht paginiert.

14 Dietrich Bartel: Handbuch der musikalischen Figurenlehre. 2. Aufl.
    Laaber [1985] 1992, S. 235.

15 Zur Übertragung des Begriffs auf den Bereich der Literatur, allerdings
    mit anderer Schwerpunktsetzung, vgl. Hanna Sohns: Pathopoeia.
    Poetik der Unruhe: Pessoa – Pascal – Blanchot. Paderborn 2021.

16 NA 37 I, 179.

17 Vgl. Rita Wöbkemeier: Erzählte Krankheit. Medizinische und literari-
    sche Phantasien um 1800. Stuttgart 1990, S. 141.

18 So schreibt Moritz zu Beginn des vierten Bandes: »Es scheinet, als ob
    die Krankheiten der Seele schon an und für sich selbst, so wie alles
    Fürchterliche und Grauenvolle, am meisten die Aufmerksamkeit er-
    regen, und sogar bei dem Schauder, den sie oft erwecken, ein gewisses
    geheimes Vergnügen mit einfließen lassen, das in dem Wunsche, hef-
    tig erschüttert zu werden, seinen Grund hat.« (Karl Philipp Moritz:
    Revision der drei ersten Bände dieses Magazins. In: Magazin zur Er-
    fahrungsseelenkunde 4 (1786), Stück 1, S. 1–16, hier S. 1).

19 Vgl. etwa Florian Fix: Wahnsinn als Thema der Erzählprosa Ludwig
    Tiecks und E.T.A. Hoffmanns. Hamburg 2014.

20 Vgl. Adelbert von Chamisso: Der Kranke. In: Ders.: Sämtliche Werke
    in zwei Bänden. Nach dem Text der Ausgaben letzter Hand und den
    Handschriften. Textredaktion: Jost Perfahl. Bibliographie und An-
    merkungen: Volker Hoffmann. Darmstadt 1975, Bd. 1, S. 240 f. Cha-
    missos Gedicht stellt eine Adaption von Charles Hubert Millevoyes
    Elegie *La chute de feuilles* (1812) dar. Mit dem Anfangsvers variiert
    Chamisso überdies den Beginn von Schillers Elegie *Der Spaziergang*.

21 Vgl. Stephanie Bölts: Krankheiten und Textgattungen. Gattungsspe-
    zifisches Wissen in Literatur und Medizin um 1800. Berlin/Boston
    2016.

22 NA 20, 195.

23 Vgl. Zumbusch: Die Immunität der Klassik (Anm. 1).

24 NA 3, 11.

25 S.[amuel] J.[ohann] E.[rnst] Stosch: Versuch in richtiger Bestim-
    mung einiger gleichbedeutender Wörter der deutschen Sprache.
    Zweiter Theil. Frankfurt an der Oder 1772, S. 156.

26 Vgl. Peter-André Alt: Schiller. Leben – Werk – Zeit. 2 Bde. München
    2000, Bd. 1, S. 170.

27 [Samuel Auguste] Tissot: Abhandlung über die Nerven und deren
    Krankheiten. Deutsch herausgegeben von Joh.[ann] Christ.[ian]
    Gottlieb Ackermann. Des zweyten Bandes erster Theil. Leipzig 1781,
    S. 307.

28 Dieses Vorgehen ähnelt übrigens im Ansatz dem Münchhausen-
    Stellvertretersyndrom (Munchhausen-by-proxy-syndrome). Vgl. An-
    negret Eckhardt: Artifizielle Störungen. In: Deutsches Ärzteblatt 93
    (1996), Nr. 24, S. 1622–1626, hier S. 1624.

29 »Shakespears Richard hat so gewiß am Leser einen Bewunderer, als er
    auch ihn hassen würde, wenn er ihm vor der Sonne stünde« (NA 3, 7).

30 [Johann Christoph Adelung:] Versuch eines vollständigen gramma-
    tisch-kritischen Wörterbuches der Hochdeutschen Mundart, mit be-
    ständiger Vergleichung der übrigen Mundarten, besonders aber der
    oberdeutschen. Erster Theil: A–E. Leipzig 1774, Sp. 939.

31 Vgl. [Christian Felix] Weiße: Richard der Dritte, ein Trauerspiel.
    Neue verbeßerte Auflage. Wien 1781, S. 108 f. Über Weißes Titelfigur
    schreibt Lessing im 74. Stück seiner *Hamburgischen Dramaturgie*:
    »Richard der Dritte, so wie ihn Herr Weiß geschildert hat, ist unstrei-
    tig das größte, abscheulichste Ungeheuer, das jemals die Bühne getra-
    gen« (Gotthold Ephraim Lessing: Werke und Briefe in zwölf Bänden.
    Hrsg. von Wilfried Barner u.a., Bd. 6: Werke 1767–1769. Hrsg. von
    Klaus Bohnen. Frankfurt am Main 1985, S. 551).

Peter-André Alt

Gestörtes Gleichgewicht

Fieber als Topos und metapoetische Chiffre
in Schillers *Die Räuber* und *Don Karlos*

I. Medizinische Grundlagen: Schillers Fieber-Schrift

In der zweiten Jahreshälfte 1780 verfasst Schiller seine Dissertation über entzündliche und faulige Fieber.[1] Sie bildet den neuen Anlauf zu einer erfolgreichen Promotion, nachdem der erste Versuch, die Abhandlung zur *Philosophie der Physiologie*, im November 1779 von den Gutachtern als allzu spekulativ und medizinfern zurückgewiesen wurde. Fast zeitgleich mit der Fieberschrift bereitet Schiller eine an anthropologischen Methoden aus der Schule Ernst Platners und Jacob Friedrich Abels orientierte Studie *Ueber den Zusammenhang der thierischen Natur des Menschen mit seiner geistigen* vor. Der Kandidat verfährt also zweigleisig, indem er eine medizinische Facharbeit und eine theoretisch ambitionierte Abhandlung über das Leib-Seele-Problem schreibt. Gewissermaßen soll die Fieber-Dissertation die anthropologische Studie dadurch legitimieren, dass sie eine Funktionsteilung auf komplementärer Basis ermöglicht. Die Gutachter – der Allgemeinmediziner Johann Friedrich Consbruch, der Chirurg Christian Klein und der Pharmazeut Johann Christian Reuß – äußern sich am Ende zwiespältig. Sie kritisieren Mitte November 1780 an der

Fieberschrift eine Reihe von diagnostischen und therapeutischen Unzulänglichkeiten, fehlende Einlässlichkeit bei der vollständigen Erfassung der Krankheitsarten sowie mangelnde Forschungskenntnis, was eine positive Bewertung und jegliche Druckerlaubnis ausschließt; sie geben aber der anthropologischen Abhandlung trotz ihres spekulativen Grundzugs die Zustimmung, so dass das Verfahren erfolgreich enden kann.[2] Im Dezember 1780 wird Schiller nach bestandener mündlicher Prüfung in Anatomie, Physiologie und Arzneimittel-Geschichte zum Doktor der Medizin promoviert.[3] Er ist zu diesem Zeitpunkt 21 Jahre alt, und hinter ihm liegen zwölf Monate, in denen er drei wissenschaftliche Abhandlungen verfasst hat, die sich auf beachtlichem intellektuellen Niveau bewegen.

Die Fieberschrift gliedert sich in 38 relativ kurze, meist nur eine knappe Seite umfassende Paragraphen. Schiller argumentiert mit einer Ausnahme nicht auf der Basis eigener Empirie, die ihm der Spitaldienst an der Karlsschule nur sehr sporadisch vermittelte. Von den vier Fallbeispielen, die er anführt, stammen drei aus schriftlichen Quellen; eines entnimmt er den (in der deutschen Ausgabe Albrecht von Hallers genutzten) Schriften des Hippokrates (§ 17), zwei weitere Exempla gehen auf Publikationen seines Lehrers Johann Friedrich Consbruch zurück (§§ 17, 30).[4] Lediglich ein Beispiel (§ 23) beruht auf Schillers authentischen Erfahrungen im Spital der Karlsschule; es handelt sich um die Erkrankung seines Schulfreundes Christoph von Hoven, der am 13. Juni 1780 neunzehnjährig infolge eines Faulfiebers verstorben war. Schiller hatte mehrere Tage an seinem Spitalbett gesessen, in einer fraglos belastenden Doppelung der Rollen als beobachtender Medizinstudent und mitleidender Freund.[5]

Das Fehlen klinischer Expertise war allerdings kein Makel, sondern entsprach den zeitgenössischen Standards der medizinischen Forschung. Schillers Dissertation stützt sich demgemäß auf schriftliche Überlieferungen, ohne detaillierte behandlungsspezifische Kenntnisse einfließen zu lassen. Zu seinen prominentesten Quellen gehören die kanonischen Klassiker der Antike, mit denen er durch den medizinhistorischen Unterricht Consbruchs vor allem im Winter 1776 bekannt wurde: Hippokrates' Schrift *Über Epidemien*, seine 1778 durch den Helmstedter Mediziner und Pharmazeuten Georg Rudolph Lichtenstein ins Deutsche übersetzten Aphorismen ebenso wie Aretaeus aus Kappadokien mit einer heilkundlichen Untersuchung, die der niederländische Arzt Herman Boerhaave 1735 neu ediert hatte; daneben die Arbeiten seines Lehrers Consbruch, der 1759 in Tübingen mit einer Dissertation über bösartige Fieber (*De febribus malignis*) promoviert worden war, die Untersuchungen des Wiener Arztes Maximilian Stoll und Thomas Sydenhams groß angelegte Studie *On Epidemics* (1680), die sich mit Fieberprophylaxe als Bestandteil der Seuchenbekämpfung befasste.[6] Methodische Grundlage für Schillers Abhandlung ist die antike, zumal von Hippokrates entwickelte, von Galen systematisch ausdifferenzierte Humoralpathologie, die im 17. Jahrhundert eine Renaissance erfahren hatte. Deren Prämisse bildete die Lehre von den vier Körpersäften (gelbe und schwarze Galle, Blut und Schleim), die im Idealfall gleichmäßig fließen und für das physische Gleichgewicht sorgen. Die Fiebergenese erklärt Schiller unter Bezug auf humoralpathologische Annahmen, die er jedoch mit Diagnosen über die elementare Zusammensetzung und Zirkulation des Blutes verbindet. Er stützt sich dabei auf aktuellste Forschungen des englischen Anatomen William Hewson (*Experimental Inquiries into the Properties of the Blood*, 1771) und des Mailänder Chirurgen Pietro Conte Moscati (*Osservazioni ed esperienze sul sangue*, 1776).[7]

Dass das Fieber seine Ursache »in der Bewegung des Blutes« hat, wie Michel Foucault formuliert, war für die Medizin des ausgehenden 18. Jahrhunderts nicht wirklich neu.[8] Bereits der in Oxford forschende Thomas Willis hatte in seiner 1659 veröffentlichten Fieberstudie darauf hingewiesen, dass Erhitzungen des Blutes zu erhöhter Körpertemperatur führten.[9] Schiller geht jedoch über solche Annahmen hinaus, indem er mit Hewson und Moscati die Veränderungen bei Blutzusammensetzung und Blutdruck als Auslöser des Fiebergeschehens beschreibt.[10] Willis' Position war mit der humoralpathologischen Perspektive, die ein Ungleichgewicht in der Beschaffenheit der Säfte für jegliche Krankheit verantwortlich macht, noch prinzipiell vereinbar. Schillers Rückgriff auf die Lehre von der Blutzusammensetzung steht jedoch in Widerspruch zu den Überzeugungen der galenischen Medizin, weil er eine chemisch präzise, die traditionellen Schematisierungen aufhebende Analyse der Ursachen für Erhitzung und Verdickung einschließt. Dass der Exkurs zu Hewson und Moscati ihn nicht daran hindert, an anderen Stellen weiterhin humoralpathologisch zu argumentieren, ist wiederum typisch für den Eklektizismus seiner Untersuchungsmethode.[11]

In seiner Einleitung erörtert Schiller prinzipielle Fragen der Fiebertherapie und gelangt dabei zur Einsicht, dass auf diesem Gebiet Heilungen nach klaren Schulbuchregeln aufgrund der Vielfalt auftretender Symptome unmöglich seien. Das Fieber ist, gemäß den im 18. Jahrhundert verbreiteten Lehren, keine essentielle Erkrankung, sondern ein System ›lokaler Zeichen‹ für pathologische Störungen, wie Foucault es beschreibt.[12] Angesichts der Komplexität und Vielgestaltigkeit des klinischen Erscheinungsbildes, hinter dem zahllose unterschiedliche Auslöser stehen, kon-

statiert Schiller schon in seiner Eröffnung, dass die Aussicht
auf ein Allheilmittel unwahrscheinlich sei. Aus dem *Hamlet* zitiert er am Ende des dritten Paragraphen, mit dem
die Einleitung schließt, die berühmten Verse:»There are
more things in Heaven and Earth / That are dreamt of in
our philosophy.«[13] Die ambivalente Botschaft dieser Shake-
speare-Passage widerspricht der in medizinischen Kreisen
einschlägigeren Formel des Hippokrates, die besagt, die
Heilkunst sei weitläufiger als das menschliche Leben.[14] Dass
das *Hamlet*-Motto mit seiner Kritik an hergebrachten wis-
senschaftlichen Methoden den bodenständigen Karlsschu-
lärzten kaum gefallen haben dürfte, liegt auf der Hand. Die
Gutachter Reuß und Klein bemängelten bereits an der von
ihnen abgelehnten Dissertation zur »Philosophie der Physiologie« den allzu poetischen Duktus und die Neigung zur
Spekulation »in dunkel gelehrten Wildnissen«.[15] Jetzt kam
auch noch die explizite Kritik am medizinischen Schulbuch-
wissen hinzu, die den Vertretern des ärztlichen Standes zu-
tiefst missfallen musste.

Der Grund für Schillers pessimistische Einschätzung
der Fiebertherapie liegt in einem Krankheitsverständnis,
das sich deutlich von dem der Neo-Humoralpathologie
abhebt.[16] Der Epidemiologe Thomas Sydenham hatte in
seinen Schriften die Auffassung vertreten, dass die Natur
des menschlichen Körpers in der Lage sei, krankheitserre-
gende Stoffe auszuscheiden und damit selbst für das nötige
Gleichgewicht der ihn determinierenden Elemente zu sorgen. Der Säftehaushalt vermag sich demnach immer wieder neu zu stabilisieren, auch wenn er gelegentlich durch
Störungen von außen gefährdet ist.[17] Schiller widerspricht
dieser Einschätzung explizit, indem er darlegt, dass gerade
die vitalen Kräfte des Körpers für eine Stärkung der patho-
genen Einflüsse sorgen können.

> Das erste Gesetz in einem beseelten Körper hat nämlich zur Folge,
> daß die Seelengeister [*Spiritus animales*; besser wäre: Lebensgeister,
> PAA], sobald sie irgendetwas Fremdes berührt, in dichter Menge und
> übergroßer Zahl zu der gereizten Stelle strömen und die ihnen selbst
> untergeordneten reizbaren Fasern zu ziemlich heftigen Kontraktionen
> drängen. Dieses Gesetz ist freilich so weit davon entfernt, sich heilsam
> auf das Wohl des Menschen auszuwirken, daß es vielmehr das einzige
> und dasselbe ist, das Krankheiten hervorbringt, die hervorgebrachten
> dann schwer und todbringend macht.[18]

Dieselben Kräfte, die ein Ausscheiden der Erreger herbei-
führen, können zu deren Erstarken führen. Pathogenese
und Therapie des Fiebers beruhen auf einer identischen
Quelle, den *Spiritus animales*, die Gutes und Schlechtes
gleichermaßen bewirken. Sie unterliegen keinem teleolo-
gischen Impuls, weil sie unberechenbar und willkürlich
arbeiten. Das therapeutische Geschäft kann auf keine klare
Organisation der Lebenskräfte im Körper bauen, denn deren Operationsweise bleibt inkalkulabel. Wo sie die Mächte
des Fiebers unterstützen, wirken sie gegen die Maßnahmen
der Ärzte; und selbst die Fälle, in denen sie die von Sydenham nachdrücklich beschriebene Balance der Säfte wieder-
herstellen, helfen wenig, da man mit dieser Variante bei
der Heilkur nicht fest rechnen darf. In Schillers Auffassung
spiegelt sich ein »Bild der Natur, das die feindselige Un-
zweckmäßigkeit der Schöpfung gegenüber dem Menschen
voraussetzt.«[19] Der prinzipiell naturkritische Befund, den
die Dissertation bereits in ihrer Exposition erhebt, wird im
Hinblick auf die literarische Funktion des Fieber-Topos bei
Schiller noch eine Rolle spielen.[20]

Der skeptischen Einleitung schließen sich die Haupt-
teile zu den beiden Fiebertypen an, wobei die bei Hippokrates angelegten Befunde einen Leitfaden bilden.[21] 15
Paragraphen sind der Symptomatik des entzündlichen Fiebers gewidmet, und es folgen elf Absätze zum faulig-kalten

Fieber. Die entzündliche Variante entsteht laut Schiller bei
Stockungen der Säftebewegung durch eine Verengung oder
Verletzung von Gefäßen, aber ebenso aufgrund von lokalen
Entzündungen durch Krankheitserreger und pathogene
Stoffe.[22] Sie betrifft vor allem Patienten, die an ›Blutüberfülle‹ – gemäß dem hellenistischen Arzt Erastratos die sog.
»Plethora« – und einem verstärkten Druck in den Gefäß-
wänden leiden.[23] Gefährdet sind hier zumal Menschen, »die
leicht verdauen, im übrigen schlank und kräftig sind sowie
ihren starken Körper energisch üben.«[24] Nicht die Fettlei-
bigen, sondern die Athletiker leiden unter der ›Plethora‹,
weil sie ihren Hunger kontrolliert befriedigen, so dass die
für die Verdauung bereitstehenden Säfte in den Kreislauf
des Blutes zurückkehren und dort Überfülle erzeugen. An
dieser aus Sicht der modernen Medizin abstrusen Erklärung zeigt sich, wie zentral die Humoralpathologie für die
Krankheitserklärungen der Zeit weiterhin bleibt. Zugleich
aber nutzt Schiller das Instrumentarium einer moderneren
Forschungsmethodik, wenn er die Fiebergenese im Blick
auf die Blutzusammensetzung beschreibt. Das entzündliche
Fieber führe, so heißt es, zur Verdickung der Flüssigkeit des
Blutes, während dessen übrige Bestandteile – nach Hewson
»Faserstoff« und »Körperchen« – unverändert blieben.[25]
    Die Verbindung zwischen humoralpathologischen und
auf die Blutzusammensetzung rekurrierenden Erklärungs-
mustern führt zu einem methodischen Widerspruch, den
Schiller nirgendwo reflektiert. Auch der Fieber-Artikel des
Zedlerschen *Universallexikons*, der aus dem Jahr 1735
stammt, verweist bereits auf die Erhitzung des Blutes – von
»Tumult« spricht diesbezüglich Goethes *Werther* (1774) –
als wesentliche Quelle des Erregungsgeschehens.[26] Allerdings bewegt sich seine Argumentation noch im Rahmen
der Humoralpathologie, die das Blut als einen der vier

Körpersäfte begreift. Genauere Kenntnisse über dessen Bestandteile, die eine chemische Erklärung fiebriger Erhit-
zungsreaktionen erlauben, vermittelten erst die Arbeiten
Hewsons und Moscatis, auf die Schiller mehrfach rekurriert. Sie bedeuteten einen Bruch mit der Humoralpathologie, weil sie deren binäre Schematisierungen – fließend
vs. stockend, heiß vs. kalt – durch ein neues analytisches
Instrumentarium überwanden. Krankheitsprozesse ließen
sich fortan als Resultate von elementaren Veränderungen in
der strukturellen Blutzusammensetzung beschreiben, ohne
dass man auf die von Hippokrates und Galen stammenden,
eher simplen Differenzierungen der jeweiligen Säftekon-
sistenz zurückgreifen musste. Wenn Schiller allerdings an
den allgemeinen Hypothesen der Humoralpathologie weiterhin festhält, so zeigt das, wie wenig er sich der Konsequenzen des neuen analytischen Ansatzes bewusst ist.

Zu den Erscheinungsformen des heißen, entzündlichen
Fiebers gehören nicht nur körperliche, sondern auch seelische Symptome. Genannt werden zumal wirre Träume,
die »mit Feuer und Brand zu tun haben.«[27] Ihre Ursachen
liegen, ähnlich wie im Fall des Alkoholexzesses, in der »Erregung des Blutes« durch Erhitzung.[28] Schiller lehnt hier die
ältere, schon von Platon vertretene, auch in der galenischen
Humoralpathologie prominente Erklärung ab, dass deliri-
umsartige Träume vom Unterleib hervorgerufen werden.[29]
Vielmehr sei ihr Auslöser die besondere Überfülle und Er-
wärmung des Blutes, die Krämpfe und Fieberträume herbei-
führen könne. Nicht der Verdauungstrakt, sondern das »Gehirn« bilde den Ausgangspunkt der Erregungsgeschehens.[30]
Schillers Argumentation verknüpft hier eine durchaus neue
Perspektive mit traditionellen Beständen der Humoralpathologie. Seine literarischen Adaptionen des Topos stützt
er später auf diese Sicht, der gemäß das Fieber aus der kör-

perinternen Erhitzung resultiert und von den Erregungs-
schüben eines unruhig arbeitenden Kopfes angetrieben wird.

Im weiteren Gang der Untersuchung beschreibt Schiller das Fiebergeschehen unter militärischem Blickwinkel
als Konsequenz einer heftigen physischen Attacke. Schon
der erste Paragraph hatte betont, das warme Fieber greife den Menschen gleichsam in offener Schlacht (»aperto
Marte«) an.[31] Die Erhitzung sorgt dafür, dass das Blut »wie
ein Keil« gegen die heißen Stellen »gestoßen« wird und auf
unheilvolle Weise deren Entzündung verstärkt.[32] In dieser Konstellation tritt eine viergliedrige Symptomatologie
auf, der streng systematisch auch vier Therapieverfahren
zugeordnet werden. Als Symptome sind auszumachen:
»1. Blutüberfülle, die den Körper insgesamt und teilweise
betrifft. 2. Zu dickes Blut. 3. Zu heftige Hitze. 4. Verschlos-
sene Poren.«[33] Angesichts der Massivität des Angriffs sind
entschiedene Abwehrmaßnahmen erforderlich, will man
den übermächtigen Feind besiegen. Durch die Verwendung von Blutegeln kann das Blut weggeleitet werden; Salz-
lösungen dienen seiner Verdünnung; Abkühlung durch
Umschläge ist geboten; und der Aderlass vermag den Druck,
der durch die geschlossenen Poren entstand, aufzulösen.[34]
Die vier genannten Verfahren sollten sich ergänzen, damit
es zu wirklicher Linderung kommt. Beim entzündlichen Fieber sind therapeutische Erfolge, wie Schiller aus den Untersuchungen Consbruchs weiß, durchaus möglich, zumal die
Behandlungsformen gut dosiert und je nach Stärkegrad der
Erkrankung komplementär eingesetzt werden können.[35]

Erheblich schwieriger bleibt die Heilung des kalten, fauligen Fiebers, bei dem die Symptomatik komplexer und das
Risiko von Vereiterungen im Körperinneren sehr groß ist.
Allein die Auflistung seiner Wirk- und Erscheinungsformen
mutet bedrohlich an:

Unter dieser Bezeichnung treten dauerhafte nachlassende Fieber auf, die unter der Maske katarrhalischer Erkrankungen eindringen, verbunden mit höchstgradigem Verfall der Kräfte, Haarsträuben hier und da, Schwindelgefühl, Übelkeit, Brechreizen, Durchfällen, mit verschiedenen Leiden der Herzgegend, der Brust, des Kopfes und des Rückens, mit flüchtigem Schmerz in den Lenden oder Gliedmaßen, mit einem Puls, der manchmal einem natürlichen sehr ähnlich, manchmal krampfartig angespannt, beschleunigt, sehr klein und ungleichmäßig ist, mit verschiedenartiger geistiger Verwirrung, mit krampfartigen Bewegungen sowie anderem, und die sich während des langen Verlaufs der aufeinander folgenden Fieber bis zu drei oder vier Wochen ausdehnen.[36]

Schiller bedient sich hier eines rhythmisierten Stils, der die Gefahr eines tödlichen Ausgangs anschaulich verdeutlicht, indem er dem Prinzip der Gradation folgt.[37] Auffallend ist, dass er das kalte Fieber mehrfach als tückischen Widersacher kennzeichnet, der als »hinterlistige[r] Feind durch das Innere des Körpers schleicht«.[38] Diese Charakteristik trägt selbst schon literarische Züge, insofern sie dem Fieber die Züge des bösen Intriganten zuweist, der seinen Gegner durch Tücke (›schleichend‹) und Verstellung (›Maske‹) zu lähmen sucht.[39] Vom »betrügerischen Faulfieber« spricht ganz ähnlich das am 13. November 1780 eingereichte Gesamtgutachten von Consbruch, Klein und Reuß.[40] Der einschlägige Artikel des fünf Jahre nach Schillers Dissertation publizierten zehnten Bandes der *Deutschen Encyclopädie* betont mit vergleichbarer Metaphorik, es gebe Fieber,

welche einen dem Anschein nach sehr unerheblichen und leichten Anfang nehmen, zuerst wie ein Bandite im Körper schleichen und ihre tödtlichen Waffen völlig verborgen haben, nach und nach mit Wuth anfallen und fast ohne Rettung den Lebensfaden abschneiden.[41]

Für therapeutische Zwecke bietet sich beim Faulfieber eine Entleerung des Magen- und Darmtraks an, um den Eiter abfließen zu lassen, der akute Todesgefahr für den Patienten bedeutet.[42] Generell rät Schiller zu einer Beförderung des Stuhlgangs, etwa durch die »Abkochung von Chinarinde« – ein Verfahren, das er im Spätherbst 1783 aufgrund einer in Mannheim erlittenen Malariaerkrankung an sich selbst anwenden wird.[43] Das Problem besteht jedoch darin, dass die Therapie weniger linear und komplementär ausfallen kann als beim entzündlichen Fieber. Die von Schiller empfohlenen abführenden Mittel, die schon Hippokrates vorschlug, sorgen dafür, dass der Darm sich durch Ausscheidung reinigt, wobei die vergifteten Säfte purgiert werden.[44] Hier ist große Geduld erforderlich, da der Weg zur Gesundung beschwerlich bleibt. Im Normalfall siegt freilich die tückische Fieberkrankheit über die Anstrengungen des Arztes, weil ihre Wirkungen unkontrollierbar sind. Bezeichnenderweise unterbricht Schiller seine therapeutische Argumentation an diesem Punkt durch einen Paragraphen, in dem er mit größtmöglicher Drastik die Agonie beim fauligen Fieber schildert. Ohnmachten, Betäubungen, wässriger Durchfall, röchelnde Atmung, Schleim auf den Bronchien, brandiger Schweiß, schwarzer Ausschlag, erkaltende Gliedmaßen, aussetzender Puls – jedes dieser Symptome sei der untrügliche Vorbote des Todes.[45] Das faulige Fieber bleibt ein Feind, den die ärztliche Heilkunst nur selten bezwingen kann. Im ausgehenden 18. Jahrhundert steht man ihm noch ähnlich ratlos gegenüber wie Hippokrates, der diesen Typus nur kurz erwähnt, weil er ihm therapeutisch wenig entgegenzusetzen wusste. Signifikant ist, dass das Zedlersche *Universallexikon* seinen zwanzig Spalten umfassenden zentralen Fieber-Artikel allein der hitzigen Variante widmet, das kalte Fieber aber unerwähnt lässt.[46]

In acht finalen Absätzen beschreibt die Abhandlung schließlich knapp – nach Auffassung der Gutachter allzu oberflächlich – die Wirkungsweise von Mischformen, der

»gallig-entzündlichen Brustfellerkrankung« und der »fauligen Entzündungen«.[47] Sie verbinden die beiden eigentlich
entgegengesetzten Symptomgruppen, also entzündliche
und kalt-eitrige Erscheinungsweisen des Fiebers. Hier sind
therapeutische Erfolge besonders schwierig, weil eine zu-
verlässige Kombination der Heilverfahren – Aderlass und
Abführung – praktisch unmöglich bleibt. Im schlimmsten
Fall können die »fauligen brandigen Entzündungen« sich
durch Ansteckungsfälle in Kasernen und Hospitälern mas-
senhaft verbreiten, wie Schiller durch Sydenhams Schrift
On Epidemics (1680) weiß. Letzthin gehen, so heißt es am
Schluss, viele seuchenartige Erkrankungen wie die Pest,
aber auch Pocken, Masern und Scharlach mit den Symptomen des ›entzündlich-miasmatischen‹ oder ›entzünd-
lich-fauligen‹ Fiebers einher.[48] Gemeinsam ist ihnen, dass
sie eine eindeutige therapeutische Strategie unmöglich machen. Weder Aderlass noch Abführmittel bringen Erfolge;
sie erzeugen im Gegenteil zumeist schwere Verläufe und
beschleunigen die letale Krise. Der Ton der Abhandlung ist
am Ende nachgerade resignativ und pessimistisch; nichts
kann helfen, weil es keine wirkliche Wahl von richtigen
und falschen Mitteln gibt. Erneut fasst Schiller das Fiebergeschehen als innerkörperlichen Kampf, dessen Ausgang
in den meisten Fällen aber a priori festliegt. Weniger die
mangelnde Praxisnähe und die punktuell unvollständige
Übersicht der Krankheitsformen als dieser skeptische
Grundzug mochte es gewesen sein, der die Gutachter Consbruch, Klein und Reuß zu ihrem negativen Urteil über die
Schrift bewegte.

  Insgesamt drei Bedeutungen sind auszumachen, die
Schillers Fieber-Untersuchung ihrem Thema zuschreibt.
Das Fieber steht für eine unzuverlässige Natur, die hei-
lende Kräfte entwickelt, aber ihre Vitalfunktionen auch in

den Dienst der Krankheit stellen kann (1). Das Fieber weist eine komplexe Symptomatik auf, die ihm im Spannungsfeld zwischen Entzündung und Fäulnis, Erhitzung und Erkaltung einen zweideutig-uneinheitlichen Grundzug verleiht (2). Zumal das kalte Fieber zeigt sich gerade aufgrund seiner vielfältigen Erscheinungsweisen als tückischer, kaum besiegbarer Feind, dem die Schulmedizin häufig nicht beizukommen vermag (3). Unberechenbare Natur, Erregung, Hinterhältigkeit – das sind die drei Bedeutungen, die sich nun auch in Schillers literarischen Adaptionen des Fieber-Themas wiederfinden. Sie erscheinen teils verbunden, teils isoliert, jedoch zumeist eingebettet in ein poetisches Konzept, das es jeweils näher zu untersuchen gilt.[49]

II. Literarische Fieber-Eruptionen:
Die Räuber (1781)

Gerade in das Debütdrama *Die Räuber* fließen, wie wir seit langem wissen, Schillers medizinische Kompetenzen auf unterschiedlichen Ebenen ein.[50] Fragen des Leib-Seele-Zusammenhangs, die Psychologie der Affekte, die Funktion des Traums als Ausdruck nicht-rationaler Vorstellungsinhalte, die Zeichensprache des Leibes, die Psychosomatik und die Ätiologie unterschiedlicher Krankheitsbilder spielen im Text eine entscheidende Rolle. Dass auch das Fieber in Schillers Debütdrama prominent ist, obwohl der Begriff explizit nur an wenigen Punkten erscheint, wissen wir seit den Arbeiten von Marianne Schuller und Jörg Robert.[51] Es sind die Antagonisten Karl und Franz, in denen sich die unterschiedlichen Konzepte des Fiebers mit ihrer hitzigen und kalten Variante zu einem nachgerade figural-typologischen Theaterkonflikt aufspannen. Zum »Drama des Fiebers«

avancieren die *Räuber*, indem sie zeigen, wie die innere
Ordnung der Natur, der Familie und des Glaubens durch
zerstörerische Kräfte aufgelöst wird.[52] Der Zusammenhang
zwischen dem Fieber und der aus den Fugen geratenen Natur vermittelt sich über den Begriff des Teuflischen, der in
Schillers Text mit verschiedensten mythologischen, bibli-
schen und literarischen Nuancierungen als Teil einer Psychologie des Bösen erscheint.[53]

Die typologische Konstellation, in der Schiller sein Brüderpaar vorführt, weist deutliche Parallelen zu den Fieber-
Antagonismen der Dissertation auf. Karl wird zunächst
durch Attribute der Hitze bestimmt: als Ausnahmecharak-
ter, in dem ein ›feuriger Geist‹ lodert, und als ›feuriges
Genie‹, das seine Lebensenergie in wilden Jugendjahren
»weggebrannt hat«.[54] Dieses Moment des Kraftgenialisch-
Explosiven entspricht dem literarischen Psychogramm,
das auch andere Dramen der Zeit ihren Figuren verlei-
hen. Bereits in Friedrich Maximilian Klingers *Sturm und
Drang* und Johann Anton Leisewitz' *Julius von Tarent*
(beide 1776) gehört die »Fieberhitze« der Leidenschaften zur Gemütsausstattung zahlreicher Protagonisten.[55]
Ähnlich verhält es sich mit den karikaturistisch verzerrten
Figuren Pätus und Stolzius in Jakob Michael Reinhold
Lenz' *Der Hofmeister* (1774) und *Die Soldaten* (1776), denen man im Stadium der Geistesabwesenheit fiebrige Erregung attestiert.[56] In den *Philosophischen Briefen* (1786),
deren theoretisches Zentrum noch aus der Karlsschulzeit
stammt, wird Schiller das Fieber als Chiffre für die medizinische Dimension der Schwärmersymptomatik verwen-
den: »Scepticismus und Freidenkerei sind die Fieberparo-
xismen des menschlichen Geistes, und müssen durch eben
die unnatürliche Erschütterung, die sie in gut organisir-
ten Seelen verursachen, zuletzt die Gesundheit bevestigen

helfen.«[57] Karls mehrfach beschworene ›Hitze‹ passt
mithin zu den Pathologien des schwärmerisch-weltflüch-
tigen Charakters, wie ihn die Literatur der Zeit vor Augen
führt.

Karl Moors Weg endet jedoch nicht in den Fieberprojek-
tionen des Weltverbesserers. Aus dem bramarbasierenden
Feuerkopf wird bei Schiller der »Mordbrenner Haupt-
mann«, als der Karl seine zuerst noch akademisch blei-
benden Rebellionsphantasien Wirklichkeit werden lässt.[58]
Metaphorisch einschlägig ist hier das Hippokrates-Motto,
das der junge Mediziner seinem Drama vorangestellt hat:
»Quae medicamenta non sanant, *ferrum* sanat, quae ferrum non sanat, *ignis* sanat.«[59] Karl sieht sich selbst gemäß
der hippokratischen Maxime in der Rolle eines Arztes,
der mit Feuer ausätzt, was Medikamente und Operations-
messer (›ferrum‹) nicht heilen können: »ha! – wer mir izt
ein Schwerd in die Hand gäb, dieser Otternbrut eine bren-
nende Wunde zu versezen!«[60] Der selbsternannte Rächer,
der gegen Unrecht, Privilegien und Bigotterie zu Felde
zieht, verwandelt sich bald in einen Verbrecher, dessen
fehlgeleitetes Ziel darin besteht, die »Welt durch Greuel zu
verschönern«.[61] Die Hitze der Rebellion erzeugt nun den
Höllenbrand, den er mit seinen Taten entfacht. Karl wandelt sich zum Satan, »der tausend Legionen schuldloser Engel in rebellisches Feuer fachte« und »teufelmäßig« wütet,
wo er Unrecht sühnen will; »Mörder« und »Teufel« nennt
ihn Amalia in der letzten Szene des Dramas.[62] Am Ende seines Weges sieht sich Karl in einer Kette melancholischer
Monologe als »ausgemustert aus den Reihen der Reinen«,
ein »heulender Abbadona« voller Schuldgefühle.[63] Aus dem
Fieber der zu teuflischen Taten führenden Rebellion ist die
Trauer einer durch Milton- und Klopstock-Zitate gewürzten
Selbstanklage geworden.

Mit dem Komplex des Satanischen bleibt auch Franz assoziiert, jedoch schließt das keine Metaphorik der Hitze und
des Feuers, wie bei Karl, sondern Bilder der Kälte und des
Heimtückischen ein. Franz erscheint als ›kalt‹ und ›höl-
zern‹, als »Ungeheuer«, »schleichender Teufel« und »un-
begreiflicher, schleichender, abscheulicher Bösewicht«.[64]
Während Karl sich durch offene Angriffe auf die herrschenden Verhältnisse zum Verbrecher aus persönlicher Enttäuschung wandelt, stört Franz die Ordnung hinterrücks und
intrigant, durch Betrug, List und Verstellung. »So fall ich
Streich auf Streich, Sturm auf Sturm dieses zerbrechliche
Leben an«, verkündet er.[65] Die Heimtücke, mit der hier der
Anschlag auf die Gesundheit des Vaters geplant wird, erinnert an die Spielart des fauligen Fiebers, das ›schleichend‹
sein Werk beginnt. In Schillers Dissertation heißt es dazu:

> Nicht jedoch mit der Wucht, mit der die entzündlichen Fieber es
> zu tun pflegen, greifen den Menschen die fauligen Fieber an, die
> schon vorher in den inneren Schlupfwinkeln der Eingeweide ihre
> verderblichen Samen ausgestreut haben, bevor sie sich deutlicher
> zeigen. Zu dem Zeitpunkt jedenfalls, wo der hinterlistige Feind
> durch das Innere des Körpers schleicht, kommt ein merkwürdiger
> Sinneswandel zum Vorschein.[66]

Die von der Dissertation untersuchten Fiebervarianten wie-
derholen sich in der Typologie der Protagonisten. Franz
begegnet uns als Personifizierung des faulig-kalten Fiebers
mit seinen tückischen Erscheinungsformen heimlicher Affizierung, Karl dagegen als Figuration jenes ›Ungestüms‹,
mit dem das hitzige Fieber den Körper ergreift.[67] Dem entspricht sehr genau die Eingangsbestimmung der beiden Fiebervarianten, die Schillers medizinische Schrift liefert: »Die
einfachere erste, jedoch härtere und schrecklichere Art be-
fällt in offener Schlacht kräftige Menschen, aber die andere
schleicht sich mit Heimtücke und scheinbarer Gutmütigkeit

bösartig bei Geschwächten ein.«[68] Was hier über die unterschiedlichen Wege des Fiebers gesagt wird, korrespondiert
exakt den divergierenden Verfahren, mit denen die Brüder
Moor operieren. Wo Karl aus Leidenschaft und rasender
Emotion »in offener Schlacht« agiert, da »schleicht« sich
Franz »bösartig bei Geschwächten ein«. Über seinen Plan,
Räuber und Mörder zu werden, sagt Karl, er werde ihm eine
»fürchterliche Zerstreuung machen«; Franz wiederum erklärt den »Erfindungs-Geist« zum wichtigsten Helfer seiner
verbrecherischen Pläne.[69] Das Teuflische entsteht also nicht
aus dem Gegensatz zur Natur, sondern gehört ihr selbst an,
ähnlich wie das Fieber durch die Lebensgeister angefeuert
und organisch verstärkt wird. Der diabolische Charakter der
Protagonisten ist dabei Element eines dramaturgischen Wir-
kungskonzepts, das auf die Schönheit des Bösen berechnet
ist. Im Grundsatz weicht es von der Mitleidspoetik Lessings
ebenso ab wie von den Regelsystemen des älteren Klassizismus zwischen Gottsched und Charles Batteux, indem es
mit der Anziehungskraft des Monströsen rechnet. »Wenn
ich vor dem Tyger gewarnt haben will«, heißt es 1781 in der
Vorrede zur ersten Auflage, »so darf ich seine schöne blen-
dende Flekenhaut nicht übergehen, damit man nicht den
Tyger beim Tyger vermisse.«[70] Das Drama kalkuliert hier, so
vermerkt auch Schillers Selbstrezension, mit dem menschlichen Interesse am Abseitigen, das unsere Phantasie anregt
und die Neugierde schürt: »Kraft eines ewigen Hanges, alles
in dem Kreis unserer Sympathie zu versammeln, ziehen wir
Teufel zu uns empor und Engel herunter.«[71]

    Die Selbstrezension erfasst die medizinische Dimensi-
on dieses Mechanismus, wenn sie das moralische Übel im
Gemüt des Menschen mit der Unordnung in seinem physischen Gefüge und der durch sie ausgelösten Anlage zu
Fieberausbrüchen vergleicht:

> Der Mensch neigt sich ursprünglich zum Verderblichen: ich glaub
> es nicht, ich denke vielmehr überzeugt zu sein, daß der Zustand des
> moralischen Übels im Gemüt eines Menschen ein schlechterdings
> gewaltsamer Zustand sei, welchen zu erreichen zuvörderst das
> Gleichgewicht der ganzen geistigen Organisation (wenn ich so sagen
> darf) aufgehoben sein muß, so wie das ganze System der tierischen
> Haushaltung, Kochung und Scheidung, Puls und Nervenkraft
> durcheinander geworfen sein müssen, eh die Natur einem Fieber oder
> Konvulsionen Raum gibt.[72]

Die moralische Verfehlung des Menschen, wie sie in sehr
unterschiedlicher Ausprägung beide Moor-Brüder reprä-
sentieren, ist Ausdruck einer Entfesselung der Natur, die
ihre Ordnung gemäß Schillers Formulierung ›durcheinan-
derwirft‹. Die Wortwahl offenbart genau jenen Konnex zwischen teuflischer Zerstörung und Fieber, der die antiklas-
sizistische (und zugleich gegen Lessings Wirkungspoetik
gerichtete) Dramaturgie der *Räuber* prägt.[73] Wenn Schiller
das Fieber als ein ›Durcheinanderwerfen‹ der körperlichen
Ordnung beschreibt, dann rückt er es explizit in die Nähe
des Teufels, den man im Griechischen als *diabolos*, als
›Durcheinanderwerfer‹ bezeichnet.[74] Das Schauspiel führt
uns die Eruptionen der Natur und die im Wortsinn diabolische Wirkung einer tiefgreifenden Ordnungsstörung vor
Augen. In den Grenzüberschreitungen Karls und den Intrigen seines Bruders Franz offenbart sich wie im Fieber die
Macht einer Natur, die ihre eigene Balance immer wieder
neu zerstören kann.

Eine besondere Pointe bildet es, wenn im Verlauf des
kathartischen Finales ausgerechnet der kalte Intrigant
Franz selbst Opfer des entzündlichen Fiebers mitsamt seinen quälenden Traumphantasien wird. Im fünften Akt ist es
mit der Ruhe des philosophischen Bösewichts vorbei: »Ich
habe das Fieber«, so erklärt er dem Diener Daniel; und:
»Ich will morgen zur Ader lassen, sage dem Pastor.«[75] Arzt

und Geistlicher sollen helfen, das verlorene Gleichgewicht
wiederherzustellen: der eine durch den Aderlass, der andere durch die – allerdings blasphemisch ausfallende – Beich-
te. In einer Art anamnetischem Monolog, der nur von knap-
pen Ausrufen Daniels unterbrochen wird, berichtet Franz
zunächst über seine körperlichen Zustände. Die innere Un-
ruhe des Bösewichts, der von seinen unterdrückten Schuld-
gefühlen heimgesucht wird, löst einen Hitzeschub und mit
ihm quälende Traumphantasien aus. Das ist eines jener den
Mediziner Schiller faszinierenden psychophysischen Wech-
selspiele, von denen das Debütdrama zahlreiche Beispiele
kennt. Das Exempel einer leibseelischen Interaktion geht
zurück auf seinen Akademie-Lehrer Abel, der in den für die
mündlichen Prüfungen vom Dezember 1780 ausgearbei-
teten *Theses philosophicae* Fragen der psychischen Tätig-
keit im Zustand des Träumens behandelt.[76]

In den üppig wuchernden Bildphantasien, die Franz'
apokalyptische Träume durchziehen, findet das hitzige Fieber seinen direkten Ausdruck:

> Plötzlich traf ein ungeheurer Donner mein schlummerndes Ohr, ich
> taumelte bebend auf, und siehe da war mirs, als säh ich aufflammen den
> ganzen Horizont in feuriger Lohe, und Berge und Städte und Wälder,
> wie Wachs im Ofen zerschmolzen, und eine heulende Windsbraut
> fegte von hinnen Meer, Himmel und Erde – da erscholls wie aus
> ehernen Posaunen: Erde gib deine Toden, gib deine Toden, Meer!
> Und das nakte Gefild begonn zu kreisen, und aufzuwerfen Schedel
> und Rippen und Kinnbacken und Beine, die sich zusammenzogen
> in menschliche Leiber, und daher strömten unübersichtlich, ein
> lebendiger Sturm [...].[77]

Daniel nennt diesen Traum treffend »das leibhaft Konterfey
vom jüngsten Tage«; in der Tat verbindet der Text zahllose
biblische Topoi vor allem aus der Johannes-Offenbarung,
die durch Bezüge auf Klopstocks *Messias* ergänzt werden.[78]

Die bibelpoetische Verdichtung apokalyptischer Motive verknüpft sich jedoch mit einer medizinischen Diagnose. Demnach leitet sich der Alptraum aus Symptomen ab, wie sie Schillers Fieberschrift detailliert beschrieb.[79] Verdickung des Blutes, gesteigerter Gefäßdruck, körperliche Erhitzung, Erzeugung von Entzündungen und erhöhte Körpertemperatur lösen einen fiebrigen Schlaf mit unruhigen Träumen aus. Das schlechte Gewissen erzeugt in Franz, dem sonst Kaltsinnigen, das Fieber der Erregung und schafft Traumbilder, die uns die Welt in Flammen zeigen. Über den Zusammenhang von körperlicher Erhitzung und Fiebertraum (›delirium‹) schreibt Schiller in seiner Dissertation:

> [...] die Erfahrung der berühmtesten und vertrauenswürdigsten Meister der medizinischen Kunst hat mich jedenfalls gelehrt, dass allein schon die Erhitzung des Blutes ausreicht, um auf den Weg über die Halsschlagadern und das Gehirn Delirien hervorzurufen.[80]

Wenn Franz im letzten Akt seinem Leben ein Ende setzt, um der irdischen Gerichtsbarkeit durch die Räuberbande Karls zu entkommen, dann vollzieht er nur nach, was im Fiebertraum bereits zum Ausdruck kam. Die Konsequenz der erhitzten Natur ist die Zerstörung des Gleichgewichts, die Verflüssigung fester Beziehungen im Zeichen permanenter Überspannung der Kräfte. Der kalte Intrigant stirbt am Fieber, das den kompletten Verlust der Naturordnung anzeigt. In ihm sind Familienbindungen, Vater- und Bruderliebe, Religion und Gesetz gleichermaßen pulverisiert worden.

Das Fieber bildet in den *Räubern* eine Chiffre für die aus dem Gleichgewicht geratene Natur, die das Übel nicht lindert, sondern ihre Kräfte zu dessen Stärkung nutzt.[81] Schillers Drama interessiert sich weniger für die Abschreckung als für die Darstellung einer beunruhigenden Ordnungsstörung, die uns auf widersprüchliche Weise anzieht. In der unterdrückten Vorrede zum Erstdruck heißt es:

> Man trifft hier Bösewichter an, die Erstaunen abzwingen, ehrwürdige Mißethäter, Ungeheuer mit Majestät; Geister, die das abscheuliche Laster reizet, um der Grösse willen, die ihm anhänget, um der Krafft willen, die es erfordert, um der Gefahren willen, die es begleiten.[82]

Zwar richtet sich Franz am Ende selbst und Karl opfert sich großmütig auf, aber die gestörte Ordnung wird damit nicht automatisch restituiert. In der unterdrückten Vorrede hatte Schiller mit einer an den Sensualismus Alexander Baumgartens und Georg Friedrich Meiers erinnernden Wendung betont, dass es im Drama um »sinnliche Darstellung« gehen müsse, damit »die Leidenschafften und geheimsten Bewegungen des Herzens in eigenen Aeusserungen der Personen« zur Anschauung kommen könnten.[83] Daraus folgt für den jungen Autor, dass die dramaturgische Dynamik Priorität gegenüber dem Wirkungsanspruch der moralischen Belehrung besitzen sollte.[84] Das Theaterstück wird zum Kampfplatz entfesselter Naturkräfte, über deren pathogene Macht die Fieberschrift bemerkt hatte:

> Während jedoch das Blut mit wachsender Wucht und Menge zur entzündlichen Stelle gedrängt wird, ihm aber selbst die starren, engen und vollgepropften Arterien nicht weichen, wird es gegen sie mehr und mehr wie ein Keil gestoßen werden, die Entzündung wird immer mehr zunehmen. Mit wachsendem Fieber wächst infolgedessen die Entzündung, das Fieber wächst mit wachsender Entzündung.[85]

Das an Klinger und Leisewitz angelehnte Theater der Erregung, das die *Räuber* weniger inszenieren als nach dem Muster eines »dramatischen Romans« schildern, folgt den Gesetzen einer Kunst, die Balance und innere Ordnung aufhebt.[86] Darin gleicht es dem Fieber, dessen metapoetische Dimension die Wirkungsweise des literarischen Textes als

Medium der Grenzüberschreitung im Zeichen einer mehr-
deutigen Natur beleuchtet. Die »Ungeheuer mit Majestät«
entsprechen dem Fieber, das als »Krankheitsungeheuer«
(»Morbi Monstrum«), wie Schillers Dissertation es aus-
drückt, genau diese ebenso zerstörerische wie undurch-
schaubare Natur repräsentiert.[87]

III. Fieber als Handlungsmetapher:
Don Karlos (1787)

Schiller verwendet den Fieber-Topos in seinem dramatischen Frühwerk mehrfach, ohne dass er jedoch stets eine
metapoetische Qualität gewinnt.[88] Ähnlich gewichtig wie
in den *Räubern* ist er dagegen im *Don Karlos*, wo er erneut
dazu dient, die dramaturgische Konzeption des Textes
selbst zu reflektieren. Das politische Schauspiel erweist
sich als psychologisches Lehrstück, in dem medizinische
Befunde eine entscheidende Rolle spielen. Zum Objekt der
Diagnostik wird der unstete, seelisch fragile Titelheld, dessen Psychogramm Schiller weitgehend aus César Vichard
de Saint-Réals erstmals 1672 veröffentlichtem Roman *Hi-
stoire de Dom Carlos* übernimmt, den er im Dezember 1782
auf Anraten des Mannheimer Theaterintendanten Wolfgang Heribert von Dalberg im Bauerbacher Exil gelesen
hatte.[89] An Karlos' Zügen erkennt der Marquis Posa bereits
bei der ersten Wiederbegegnung nach langer Trennung
Merkmale der Gemütszerrüttung: »Ein unnatürlich Roth /
entzündet sich auf Ihren blassen Wangen, / und Ihre Lippen zittern fieberhaft.«[90] Zur medizinischen Diagnose des
mit ärztlichem Blick beobachtenden Posa gesellt sich ein
psychologischer Befund: »Das ist / der löwenkühne Jüng-
ling nicht, zu dem / ein unterdrücktes Heldenvolk mich

sendet –«.[91] Die Krankheit, die Karlos erfasst hat, resultiert
aus der Passivität, zu der ihn die Rolle des Infanten verurteilt. Überschüssige Energie, so weiß Schillers Dissertation
mit Hewson und Moscati, erzeugt eine schnellere Durch-
laufgeschwindigkeit des Blutes, steigert den Druck auf die
Gefäße, verdickt es durch »Verdampfung des wässrigen
Anteils« und schafft damit eine erhöhte Körpertemperatur.[92] Karlos' Erhitzung, die sich in den roten Wangen und
dem fiebrigen Zittern seiner Lippen manifestiert, ist der
Ausdruck seiner erzwungenen Untätigkeit. »Beschäfti-
gung« will der Infant, denn sein Leben ist »Athemholen
unter Henkershand«.[93] Weil ihm aber für seinen Drang
kein Erprobungsfeld zur Verfügung steht – »in Spanien
ein Fremdling« und »Gefangener« –, wird der Prinz
zum Opfer seiner Leidenschaften.[94] Sie machen ihn zum
Fiebrigen, dessen Blut Hitzewellen durch seinen Körper
jagt.

König Philipp stellt dieselbe Diagnose wie Posa, lässt
sie aber unfreundlicher klingen: »Solche Kranke / Wie du,
mein Sohn, verlangen gute Pflege / und wohnen unterm
Aug' des Arzts.«[95] Damit ist ein tragischer *circulus vitio-
sus* beschlossen, der bis zum Ende fortwirkt. Weil Karlos
von der *vita activa* ferngehalten wird, leidet er an hitzigem
Fieber; und da er sichtbar krank, von zerrissener Gemüts-
beschaffenheit und unberechenbar ist, verweigert ihm der
misstrauische Vater alle Instrumente der Macht. Das »beste Kriegsheer« wäre aus seiner Sicht nur ein Werkzeug zur
Erfüllung der »Herrschbegierde« – der Anspruch des Infanten, den Aufstand in den flandrischen Provinzen unter
Kontrolle zu bringen, verrät für den Vater einzig Hybris.[96]
Karlos' Fieber gerät zum äußerlich sichtbaren Zeichen des
inneren Dramas der Politik im Spannungsfeld zwischen hö-
fischer Intrige und Handlungsdrang.

Die Prinzessin Eboli wiederholt in der Boudoir-Szene,
die bald die eigentliche Gegenaktion zu den subversiven
Umsturzplänen des Marquis auslöst, dieselbe Diagnose
wie Posa und der König. Bezogen auf Karlos' offenkundige
seelische Bedrückung erklärt sie, gleichfalls in der Rolle
der – freilich eigennützigen – Ärztin: »Sie brauchen Ruhe,
lieber Karl – Ihr Blut / ist jetzt in Aufruhr – setzen Sie sich
zu mir – / Weg mit den schwarzen Fieberphantasien!«[97]
Das Fieber entsteht durch die Tatenlosigkeit der Leidenschaftlichen; es kann aber ebenso durch fehlgeleitete Er-
wartungen angereizt werden, wie es Posa gegenüber Karlos andeutet, wenn er ihm bescheinigt, seine Hoffnung auf
ein erneutes Treffen mit Elisabeth sei ein »Fiebertraum«.[98]
Auch hier ist das Fieber, gemäß der Diagnose der Dissertation, eine Kraft, die sich auf die Hilfe der Lebensgeister
stützt. Diese können Überschwang und Enthusiasmus
auslösen, aber zugleich jene Hitzewellen, die Vorboten
einer gefährlichen Erkrankung sind. Die nahezu topische
Hofkritik, die Schillers Drama im impliziten Anschluss an
Rousseau vorträgt, verbindet sich mit einer medizinischen
Dimension.[99] Die »Blockade« der »inneren Herzensange-
legenheiten« macht den Titelhelden zum Fieberkranken,
der an Untätigkeit zugrunde zu gehen droht – ähnlich
übrigens wie sein Geistesverwandter, Goethes Torquato
Tasso, im Angesicht der höfischen Welt und ihrer Erwar-
tungen.[100]

Aufschlussreich ist hier, dass Karlos in dem Moment, da
er sich irrtümlich von der Königin wiedergeliebt glaubt, seine politisch-militärischen Ambitionen als »Fiebertraum«
bezeichnet.[101] Die vermeintlich bevorstehende Erfüllung der
Leidenschaft relativiert den Machtehrgeiz, der nun seiner-
seits als Produkt der Erhitzung ausgewiesen wird. Das Fieber, das aus erzwungener Untätigkeit resultiert, erscheint

jetzt als Ursache des Handlungsdrangs. Dass das eine Fehl-
diagnose ist, liegt offen zutage. Sie bildet selbst ein Element
jener psychologischen Zirkularität, in die Schillers Held
eingespannt ist. Die fiebrige Erhitzung bleibt als Symptom
Teil der Konfusion, unter der Karlos leidet. Sie erzeugt nicht
nur heftige Nervosität, sondern zugleich eine Trübung der
Urteilskraft, die bereits Schillers *Philosophische Briefe* –
und nach ihnen Karl Philipp Moritz' *Anton Reiser* (1785–
1790) – als Moment ihres Schwärmer-Psychogramms ausweisen.[102]

Zur Ambivalenz dieses Psychogramms gehört es, dass
auch Karlos in der höfischen Welt mit den Methoden des
gewiegten Taktikers operieren kann. »Sein Blut ist heiß«, so
erklärt Philipp über ihn – »warum sein Blick so kalt?«[103] Der
Infant verfügt über dieselbe Technik der kühlen Distanzierung wie die Höflinge, wenn er es für nötig hält. Er ist nicht
durchgehend der unkontrollierte Leidenschaftsmensch,
sondern kennt auch das Repertoire der Verstellung, das
er doch eigentlich verabscheut. Er hat zumindest Niccolò
Machiavellis *Il principe* (1531) gelesen und wendet dessen
Kunst der *dissimulatio* im Umgang mit den Männern der
Krone an.[104] Umgekehrt ist wiederum der kühle Stratege
Philipp, der »mit seinem Reich so heimlich« tut, vor den
Zumutungen der Leidenschaft nicht gefeit.[105] Im Gespräch
mit Elisabeth sagt Karlos über seinen Vater: »Und bittet er
nicht jede Zärtlichkeit, / die ihm vielleicht in Fiebergluth
entwischte, / dem Zepter ab und seinen grauen Haaren?«[106]
Der greise König, der sein Imperium mit Kaltsinn steuert,
wird im Verhältnis zu Elisabeth zum Gefangenen seiner
Emotionen. Das Fieber ist die Chiffre für den Verlust der
Selbstkontrolle, der sich hier vollzieht; in der Szene III,1 offenbart sich als Konsequenz dieses Verlusts das Misstrauen –
ein erneut an Rousseau gemahnendes Motiv –, das den

König zum Gefangenen seiner Neigung macht und um seine Krone fürchten lässt.[107] Nachdem er von Karlos' Liebe zu Elisabeth erfahren hat, beklagt er sich rasend vor Eifersucht bei seinem Höfling, dem Grafen Lerma, dass dieser ihm keine erfreulichen Nachrichten übermitteln könne, sondern den schlimmen Verdacht nur weiter anheize: »Ich schlage / an diesen Felsen und will Wasser, Wasser / für meinen heißen Fieberdurst – Er giebt / mir glühend Gold.«[108] Das Fieber wird erneut zur Chiffre für Leidenschaften in höchster Gradstufe, deren Entfaltung aber unerlaubt und unmöglich ist. Die höfische Welt der Intrigen, der Schiller, gestützt auf Rousseaus diesbezügliche Kritik, bevorzugt die Metaphern der Kälte, der Schlange oder des Gifts zuordnet, steht gegen die Hitze der Affekte, die durch Aufstauung zu Fieberwellen verwandelt werden.[109] In Philipps wie auch in Karlos' Innerem sind beide Welten vertreten, und genau das dokumentiert die Psychologie der Ambivalenz, die das Drama von Saint-Réals schematischer, vorwiegend spanienkritischer Adaption des Stoffs unterscheidet.

Anders als im typologischen Schema der Dissertation, dem auch die *Räuber* folgen, offenbart das Fieber im *Don Karlos* keine binäre Struktur.[110] In Schillers Geschichtsdrama geht es nur noch im übertragenen Sinne um die Phänomenologie des Hitzigen und Kalten. Das einfache Modell der Polarität übersetzt sich in eine Struktur, die keine simplen Oppositionen mehr kennt.[111] Die Einheit der Formen, wie sie bei Karlos und Philipp deutlich wird, unterstreicht die Eboli-Handlung. Nachdem ihre Liebe zu Karlos unerfüllt geblieben ist und sie aus Furcht vor Entdeckung dem König zu Willen war, zieht sich die Prinzessin unter dem Vorwand einer fiebrigen Erkrankung für einige Tage aus der höfischen Öffentlichkeit zurück. Die Chiffre des Fiebers verweist auf die Liebe zu Karlos, den sie nun

aus Enttäuschung zu vernichten sucht. Wieder haben wir
es mit unerfüllter Leidenschaft als Quelle der Erhitzung
zu tun. Daneben taucht jedoch der Verdacht auf, dass die
Erkrankung der Prinzessin nur vorgeschützt sei. Die Hof-
dame Fuentes trifft diesen Hintergrund sehr genau, wenn
sie nach der Rückkehr der Eboli »etwas tückisch« erklärt:
»Die Schuld des bösen Fiebers, / das ganz erstaunlich an
die Nerven greift, / Nicht wahr, Prinzessin?«[112] Ob die Grä-
fin wirklich krank war oder ihr Fieber nur vortäuschte, um
sich für einige Zeit vom Hof zurückzuziehen, bleibt unge-
klärt. Im Fieber-Topos ist beides angelegt, und genau diese
Doppelung beschreibt den Charakter der Eboli zwischen
Emotion und Stolz, echter Leidenschaft und hinterlistiger
Intrige. Einerseits steht das Fieber, wie auch bei Karlos, für
die unterdrückte Emotion und zeichnet stellvertretend im
Körper des Menschen jene Leidenschaftskurve nach, die
sich im Leben nicht wirklich entfalten kann. Es bildet die
Reaktion des Leibes als Antwort auf die Subordination des
Gefühls und zeigt damit dessen pathogene Wirkung.[113] Andererseits hat das Fieber selbst eine zweideutige Dimension, denn es ist so ›tückisch‹ wie die Annahme der Hofda-
me, die Eboli habe ihre Krankheit vorgetäuscht. Das Fieber
kann den Menschen aus einem Hinterhalt überfallen und
zur Strecke bringen, weshalb es seine besondere Wirksam-
keit hat. Wird es wiederum nur vorgeschützt, wie im Fall
der Eboli, dann ist es ein Mittel der Verstellung im Repertoire der höfischen Dissimulationskunst.[114]

Als Indikator des Leidens und Zeichen der Tücke bleibt
das Fieber selbst ambivalent. Es steht damit für eine dramatische Wirkungsprogrammatik, in der Leidenschaft und
Dissimulation, Affekt und Misstrauen, Intuition und Verdacht rasch aufeinander folgen können. Zahlreiche Figuren
verbinden, wie man sehen konnte, die beiden Sinnebenen

des Fiebertopos: Karlos ist nicht nur der Leidenschaftliche, sondern vermag auch höfisch-distanziert zu agieren; für Philipp gilt gleichfalls die doppelte Prägung durch Kaltsinn und Affekt; und die Prinzessin Eboli ist unglücklich Liebende wie Intrigantin in bruchloser Kontinuität der Handlungsschritte. Die dramaturgische Struktur des *Don Karlos* beruht nicht auf einfachen Antinomien, sondern offenbart die Gleichursprünglichkeit von Gegensätzen, worin ihr besonderer – an Denis Diderots Schauspielbegriff geschulter – Tableaucharakter zum Vorschein kommt. Diderots Konzept wandte sich von der binären Differenz zwischen den Gattungstypen ab und beschrieb ein Theater, das sich um psychologische Nuancen und Facetten bemühen sollte.[115] Exakt das versucht auch Schiller, wenn er seine Charaktere schattiert und grelle Kontraste, wie sie noch die *Räuber* prägen, konsequent vermeidet. Schon am 7. Juni 1784 hatte er anlässlich des frühen Entwurfs gegenüber Dalberg betont:

> Carlos würde nichts weniger seyn, als ein politisches Stük – sondern eigentlich ein Familiengemählde in einem fürstlichen Hauße, und die schrekliche Situazion eines Vaters, der mit seinem eigenen Sohn so unglüklich eifert, die schreklichere Situazion eines Sohns, der bei allen Ansprüchen auf das gröste Königreich der Welt ohne Hoffnung liebt, und endlich aufgeopfert wird, müßten denke ich höchst intereßant ausfallen.[116]

Der programmatische Wandel vom antithetischen Schauspiel zum gemäldeartigen Tableau spiegelt sich im Fieber-Topos und seiner literarisch-psychologischen Funktion. Er erschließt Schillers erstem großem Geschichtsdrama seine besonderen Valeurs, indem er die spannungsvolle Einheit der Natur in den unterschiedlichen Ausprägungen von Leidenschaft und Intrige, Entzündung und Kälte, Explosion und Tücke wie in einem großen Panorama präsentiert.[117] Schillers Dissertation spricht vom »Würfelspiel« (»aleae«)

des kalten Fiebers, dessen Verlauf »schwankend« und schwer durchschaubar bleibt.[118] Es ist genau diese im Fieber manifeste vieldeutige Natur, die Schillers klassische Ästhetik wenig Jahre nach dem »*Don Karlos*« zum Objekt ihrer sentimentalischen Reflexionsarbeit erklären wird.[119] Sie operiert dann gleichsam als Akt der medizinischen Therapie, indem sie die materielle Welt auf ähnliche Weise zu balancieren sucht wie der Arzt, der den kranken Körper durch eine Krise zum inneren Gleichgewicht führt.[120]

IV. Fazit

Das Fieber ist in Schillers literarischen Texten kein Bedeutungskomplex mit medizinisch klarem Profil, sondern ein Topos mit poetischen Funktionen, im weiteren Sinne eine metapoetische Kategorie.[121] Die Wirkung dieser Kategorie kann sich auf die Figurenpsychologie, die Anatomie der Leidenschaften und den situativen Kontext gleichermaßen beziehen. Das Fieber avanciert zu einer Art Chiffre für bestimmte leib-seelische Verknüpfungen, für zerrüttete Zustände im Affekthaushalt des Menschen: für jene literarische Anthropologie, die der junge Schiller wie kein anderer Autor seiner Zeit auf ein profundes medizinisches Wissen stützt. Zugleich aber beleuchtet der Fieber-Topos die Dimensionen einer impliziten Poetik, indem er Figurenkonstellationen dynamisiert und feste Strukturen auflöst. Als Chiffre für eine erhitzende Bewegungskraft, die im Inneren wirkt und daher in ihrer Entwicklung schwer erkennbar ist, reflektiert das Fieber eine Überschreitungsenergie, die zum dramaturgischen Prinzip avancieren kann. Erfüllt der Fieber-Topos konkrete Funktionen im Text, so bildet die Fieber-Poetik ein Konzept für die allgemeine Bewegungsrichtung der literarischen Darstellung, ihr Wirkungskalkül und die sie begründende intellektuelle Disposition.

Als Topos zeigt das Fieber bei Schiller die Ambivalenz der Natur, die zu Zerstörung und Heilung, zu Niedergang oder Erhöhung gleichermaßen führen kann. Die Ordnung der Antinomien, die sich in diesen Gegensätzen offenbart, bedeutet eigentlich eine Entität. Wie das Fieber verheerend oder reinigend, heiß oder kalt, tödlich oder stärkend wirken kann, so bleibt die ganze Natur ein Raum, in dem die binären Oppositionen letzthin auf eine Einheit zurückgehen. In diesem Sinne ist das Fieber nicht nur ein Topos der poetischen Texte Schillers, sondern Teil einer literarischen Programmatik, die über die einfache Ordnung der Dinge hinausführt und sich nicht auf eindimensionale Botschaften beschränken lässt. Als Prinzip der Überschreitung gehört es zur Figurenpsychologie, darüber hinaus besitzt es aber eine metapoetische Dimension, in der es die Dynamik der literarischen Darstellung selbst reflektiert. Wenn das Fieber in Schillers Texten ein Topos ist, der für das Ganze der poetischen Deixis steht, so passt das zur Bedeutung, die ihm die Medizin des 18. Jahrhunderts verleiht. Die Symptomatik des Fiebers bildet eine Universalkrankheit, in die eine Vielzahl noch nicht näher unterschiedener Pathologien eingeschlossen bleibt. Das Fieber zeigt sich also geprägt durch eine konkrete und eine gesamtheitliche Perspektive, wie es Foucault in der *Geburt der Klinik* beschrieben hat.[122] Schillers literarische Adaptionen tragen dieser Doppelperspektive Rechnung, indem sie das Fieber als einzelnen Topos und als metapoetische Chiffre gleichermaßen ausweisen.

Anmerkungen

1   Das ursprünglich in der Berliner Staatsbibliothek aufbewahrte Manuskript des lateinischen Textes liegt seit 1945 in Krakau. Abdruck auf der Grundlage des 1876 von Karl Goedeke veranstalteten Erstdrucks in NA 22, 31–62. In den letzten Jahrzehnten sind drei deutsche Übersetzungen vorgelegt worden: 1959 von Albrecht Engelhardt, abgedruckt in: FA/S 8, 1174–1216; 2004 auf Basis einer überprüften Textkonstitution durch Irmgard Müller und Christian Schulze, in: SW 5, 1044–1147; 2020 durch Karl August Neuhausen, Daniel Schäfer und Astrid Steiner-Weber in: Friedrich Schiller: Über den Unterschied zwischen entzündlichen und fauligen Fiebern. Hrsg. von Karl August Neuhausen, Norbert Oellers, Daniel Schäfer und Astrid Steiner-Weber. Lateinisch-Deutsch mit Erläuterungen und Glossar. Stuttgart 2020 (künftig unter der Sigle ›SF‹). Der folgende Beitrag nutzt diese aktuelle und philologisch überzeugendste (wenngleich stilistisch nicht immer elegante) Übersetzung aus dem Jahr 2020, die auch für Band 43 der *Nationalausgabe* vorgesehen ist. Zum Zweck philologischer Vergleiche wird jeweils auf die lateinische Fassung in NA 22, 31 ff. und die (häufiger fehlerhafte) Übersetzung Engelhards in FA/S 8, 1174 ff. verwiesen. Zur Kritik an der Textkonstitution von NA 22 (durch Herbert Meyer) und an der Textfassung sowie Übersetzung Engelhards in FA/S 8 vgl. SW 5, 1328 f. Zu kleineren Monita an der gegenüber Engelhard verbesserten Übersetzung in SW 5 vgl. SF 66.

2   Dass Schillers Schrift durchaus eigenständige Züge trägt, hat im Gegensatz zu den zeitgenössischen Gutachtern die neuere Medizingeschichte konstatiert. Vgl. dazu den Kommentar von Irmgard Müller in SW 5, 1314–1341, bes. 1322, ferner SF 67 f.

3   Zur Kritik an der Fieberschrift im Hinblick auf die fehlende praktische Erfahrung des Verfassers vgl. NA 22, 354; zum Urteil über die anthropologische Dissertation mit Blick auf den erneut zu ornatreichen Stil vgl. NA 21, 124 f.

4   Besonders exponiert ist hier der detaillierte Bericht aus Paragraph 30, der die Fieberkrise einer vierzigjährigen Frau schildert (SF 46 ff.; vgl. FA/S 8, 1206 ff., NA 22, 54 ff.). Ihm liegt als Quelle zugrunde: Johann Friedrich Consbruch: De foemina quadam ex febre putrida petechiali laborante atqe in ea singulare sensu frigoris in ventriculo et intestinis afflicta. In: Nova acta physico-medica Academiae Caesareae Leopoldino-Carolinae 6 (1778), S. 55–62. Die Annahme Müllers und Schulzes, dass es sich bei der am Ende geheilten Patientin um Schillers eigene Mutter handele, ist spekulativ und aufgrund der Ortsanga-

ben des Fallberichts – die Kranke lebte in Enzweihingen und nicht in Ludwigsburg – vermutlich falsch (vgl. SW 5, 1318 sowie die nachvollziehbare Kritik in SF 69, Anm. 3).

5   SF 38 f.; vgl. FA 8/S, 1199 ff., NA 22, 49 ff. Zu Schillers persönlicher Reaktion auf diesen Verlust vgl. seinen Brief an die Schwester Christophine vom 19. Juni 1780 (NA 23, 13). – Ähnliche Rollenkonflikte mag es im Fall der Leichensektion des Eleven Johann Christian Hiller gegeben haben, die Schiller am 10. Oktober 1778 ebenso wie seine Kommilitonen dokumentieren musste (NA 22, 17 f.).

6   Zur Fieberschrift im Kontext ihrer Quellen: Kenneth Dewhurst, Nigel Reeves: Friedrich Schiller. Medicine, Psychology and Literature. Berkeley/Los Angeles 1978, S. 241 ff.; Verf.: Schiller. Leben – Werk – Zeit. 2 Bde. 3. Aufl. München [2000] 2009, Bd. 1, S. 172 ff.; Irmgard Müller: Kommentar. In: SW 5, 1314–1341; Jörg Robert: Vor der Klassik. Die Ästhetik Schillers zwischen Karlsschule und Kant-Rezeption. Berlin/Boston 2011, S. 55 ff. Zum medizinhistorischen Unterricht vgl. den Wiederabdruck der (auch das Fieberthema berührenden) Thesen Consbruchs vom 9./10. Dezember 1776 in: Daniel Schäfer und Karl August Neuhausen: Schiller und die Medizingeschichte. In: Sudhoffs Archiv 98 (2014), H. 1, S. 76–90, hier S. 84 ff., ferner die von Daniel Schäfer und Astrid Steiner-Weber stammenden Erläuterungen in SF 65 ff.

7   William Hewson: An Experimental Inquiry into the Properties of the Blood. London 1771; Pietro Conte Moscati: Osservazioni ed esperienze sul sangu e sul origine del calor animale. Milano 1776. Schiller nutzte bei Hewson die deutsche Übersetzung von Carl Heinrich Spohr (*Vom Blute, seinen Eigenschaften und einigen Veränderungen desselben.* Nürnberg 1780), bei Moscati die Übertragung von Carl Heinrich Köstlin (*Neue Beobachtungen und Versuche über das Blut.* Stuttgart 1780); vgl. FA/S 8, 1188 f., NA 22, 41 f.

8   Michel Foucault: Die Geburt der Klinik. Eine Archäologie des ärztlichen Blicks. Aus dem Französischen von Walter Seitter. 10. Aufl. Frankfurt am Main [1973/1988] 2016, S. 192 [zuerst: *Naissance de la Clinique.* Paris 1963].

9   Thomas Willis: Diatribae Duae Medico-Philosophicae Quarum Prior agit de Fermentatione, Sive De motu intestino particularum in quovis corpore, Altera de Febribvs, Sive De motu earundem in sanguine Animalium. Den Haag 1659. Für eine Bestandsaufnahme des Wissens über Blut und Blutzirkulation im ersten Drittel des 18. Jahrhunderts vgl. [Johann Heinrich Zedler:] Grosses vollständiges Universal-Lexicon aller Wissenschaften und Künste, welche bißhero durch menschlichen Verstand und Witz erfunden und verbessert worden [...].

64 Bde. und 4 Supplement-Bde. Halle/Leipzig 1732–1750; 1751–1754, Bd. 4, Sp. 207 ff. (mit Hinweisen auf die damals aktuelle Forschung und die Bedeutung der Bluterhitzung für die Genese des Fiebers). Vgl. Don G. Bates: Thomas Willis and the Fevers Literature of the Seventeeth Century. In: Medical History, Supplement No. 1 (1981), S. 45–70.

10   SF 22 f.; vgl. FA/S 8, 1188 f., NA 22, 41 f.

11   Es ist überraschend, dass die medizinhistorischen Einordnungen der Schrift in SW 5, 1321 f. und SF 70 f. dieses zentrale Moment einer eklektischen Konstruktion ganz außer Acht lassen und die Bedeutung der chemischen Blutanalyse für Schillers Fiebertheorie ausblenden.

12   Foucault: Die Geburt der Klinik (Anm. 8), S. 194. Eine »›Universalkrankheit‹«, wie Jörg Robert unter Bezug auf den zeitgenössischen Tübinger Mediziner Georg Friedrich Sigwart formuliert, ist das Fieber insofern, als sich in ihm eine große Menge unterschiedlicher Ursachen bündelt (Robert: Vor der Klassik [Anm. 6], S. 61).

13   SF 8; vgl. NA 22, 34, FA/S, 1178.

14   »Das menschliche Leben ist von kurzer Dauer, die Arzneykunst hingegen sehr weitläufftig (und kein Arzt wird sich rühmen, alles, was zu seiner grossen Kunst gehört, erlernet zu haben, ausser der, welcher sie nicht kennet.)« (Hippocratis Aphorismen in das Deutsche übersetzt nebst einigen Anmerkungen und Verzeichniß nach den Materien. Helmstädt [!] 1778. Neusatz Leipzig 2013, S. 6 [§ 1]). Diese auch von Schiller mutmaßlich konsultierte, damals ganz aktuelle Edition dürfte vom Helmstedter Arzt und Apotheker Georg Rudolph Lichtenstein stammen. Lichtenstein gab den Text anonym heraus, lässt sich jedoch als wahrscheinlicher Übersetzer aufgrund seines Helmstedter Wirkungskreises und seiner Fachpublikationen relativ genau identifizieren.

15   Dass die Abhandlung »in dunkel gelehrten Wildnissen« wandle, merkt Klein an; Reuß nennt Schillers Stil »schwülstig«, die Gedankenführung »reich und aufbrausend« (NA 21, 114 f.).

16   Zu den Folgerungen im Rahmen der antiken Humoralpathologie vgl. Hippocratis Aphorismen (Anm. 14), S. 49 (§ 58).

17   Zu Sydenham sehr instruktiv Robert: Vor der Klassik (Anm. 6), S. 76 ff.

18   SF 7 ff.; FA/S 8, 1177, NA 22, 33.

19   Robert: Vor der Klassik (Anm. 6), S. 79.

20   Dazu Cornelia Zumbusch: Die Immunität der Klassik. Frankfurt am Main [2011] 2014, S. 116 ff.

21   Vgl. Hippocratis Aphorismen (Anm. 14), S. 42 ff. (§§ 29 ff.).

22   SF 8; vgl. FA/S 8, 1177 f., NA 22, 33.

23 SF 11; vgl. FA/S 8, 1179, NA 22, 35. Vgl. zur im Hellenismus verbreiteten Vorstellung einer Blutüberfülle als Krankheitserreger SW 5, 1333.

24 SF 11; vgl. FA/S 8, 1179, NA 22, 35.

25 SF 22 ff.; vgl. FA/S 8, 1188, NA 22, 41 f. Hewson hatte zudem die These vertreten, dass die weißen Blutkörperchen Entzündungsvorgänge befördern könnten; William Hewson: On the Degree of Heat Which Coagulates the Lymph and the Serum of the Blood, With an Inquiry into the Causes of the Inflammatory Crust, or Size as it is Called. In: Philosophical Transactions of the Royal Society 60 (1770), S. 384–397. Vgl. dazu SW 5, 1321.

26 [Zedler:] Grosses vollständiges Universal-Lexicon (Anm. 9), Bd. 9, Sp. 853–872, hier Sp. 858 f. Vgl. Johann Wolfgang Goethe: Die Leiden des jungen Werthers. In: MA 1.2, 237.

27 SF 21; vgl. FA/S 8, 1185, NA 22, 39.

28 SF 20; vgl. FA/S 8, 1186, NA 22, 39.

29 SF 20; vgl. FA/S 8, 1185, NA 22, 39. Platon: *Politeia*, Buch 9, 571c. In: Sämtliche Werke. Nach der Übers. von F. Schleiermacher mit der Stephanus-Numerierung hrsg. von Walter F. Otto, Ernesto Grassi und Gert Plamböck. Reinbek bei Hamburg 1958, Bd. 3, S. 269 f. Vgl. dazu Verf.: Der Schlaf der Vernunft. Literatur und Traum in der Kulturgeschichte der Neuzeit. München 2002, S. 33 f., 69 f.

30 SF 21; vgl. FA/S 8, 1186, NA 22, 39.

31 SF 7; vgl. FA/S 8, 1175, NA 22, 32.

32 SF 17; vgl. FA/S 8, 1183, NA 22, 37. Zu den Militärmetaphern, mit denen Schiller diesen Kampf schildert, vgl. Robert: Vor der Klassik (Anm. 6), S. 81.

33 SF 23; vgl. FA/S 8, 1187, NA 22, 40.

34 SF 22f.; vgl. FA/S 8, 1187, NA 22, 40.

35 Basis hier: Johann Friedrich Consbruch: Beschreibung des in der Wirtembergischen Amtsstadt Vayhingen und dasiger Gegend grassirenden faulen Fleckfiebers. Stuttgart 1770.

36 SF 33; vgl. FA/S 8, 1195 f., NA 22, 47.

37 Vgl. dazu den Kommentar in SW 5, 1323.

38 SF 35; vgl. FA/S 1197, NA 22, 48.

39 Vgl. zu den Grundelementen Peter von Matt: Die Intrige. Theorie und Praxis der Hinterlist. München/Wien 2006, S. 175 ff. (am Beispiel von Shakespeares *Richard III.*).

40 SW 5, 1314.

41 Deutsche Encyclopädie oder Allgemeines Real-Wörterbuch aller Künste. Hrsg. von Heinrich Martin Gottfried Köster und Johann Friedrich Roos. Frankfurt am Main 1778–1803. 23 Bde., Bd.10 (1785), S. 30. – Den Hinweis auf diesen Artikel verdanke ich Nikolas Immer (Trier).

42 SF 41 ff.; vgl. FA/S 8, 1201 ff., NA 22, 51 ff.
43 SF 45; vgl. FA/S 8, 1203, NA 22, 52.
44 Hippocratis Aphorismen (Anm. 14), S. 40 (§ 17).
45 SF 44 ff.; vgl. FA/S 1204 f., NA 22, 53 f.
46 [Zedler:] Grosses vollständiges Universal-Lexicon (Anm. 9), Bd. 9, Sp. 853–872.
47 SF 57 ff.; vgl. FA/S 8, 1213 ff., NA 22, 60 ff.
48 SF 61; vgl. FA/S 8, 1215, NA 22, 61. Schiller zitiert abschließend Sektionsprotokolle, die prägnant darstellen, dass die inneren Organe durch das Fieber »von brandigen Flecken befallen worden sind« (SF 61; vgl. FA/S 8, 1215, NA 22, 61). Mit diesem Befund beschreibt er im Grunde schon seine eigene zukünftige Krankengeschichte. Im elf Punkte umfassenden Bericht des Weimarer Hofarztes Wilhelm Ernst Christian Huschke, der Schillers Leichnam am 10. Mai 1805 gemeinsam mit Gottfried von Herder obduzierte, findet sich unter Punkt 2 die Beobachtung: »Diese [d.i.: die rechte] Lunge war faul und brandig, breiartig und ganz desorganisirt.« Text in: Thüringisches Hauptstaatsarchiv Weimar HAA XIX, 62. Neu abgedruckt in: Mit Goethe durch das Jahr. Düsseldorf/Zürich 2004, S. 140. Vgl. Nobert Oellers: Friedrich Schiller. Zur Modernität eines Klassikers. Hrsg. von Michael Hofmann. Frankfurt am Main 1996, S. 11 ff.
49 Eine hier nicht näher verfolgte Variante bildet der biografische Kontext, in dem das Fieber zum Mittel der Flucht vor der Realität werden kann. In diesem Sinne hat schon der junge Schiller Krankheitsphasen an der Karlsschule für ausgiebige Leseabenteuer genutzt. Vgl. zum ›Lesefieber‹ Verf.: Der sentimentalische Leser. Schillers Lektüren. In: Mirjam Springer (Hrsg.): Text und Kritik. Sonderheft ›Friedrich Schiller‹. München 2005, S. 5–19, hier S. 7.
50 Vgl. Marianne Schuller: Körper. Fieber. Räuber. Medizinischer Diskurs und literarische Figur beim jungen Schiller. In: Wolfram Groddeck und Ulrich Stadler (Hrsg.): Physiognomie und Pathognomie. Zur literarischen Darstellung von Individualität. Festschrift für Karl Pestalozzi. Berlin/New York 1994, S. 153–168; Wolfgang Riedel: Die Aufklärung und das Unbewußte. Die Inversionen des Franz Moor. In: JDSG 37 (1993), S. 198–220; Nikolas Immer: Der inszenierte Held. Schillers dramatische Anthropologie. Heidelberg 2008, S. 221 ff., 230 f.; Robert: Vor der Klassik (Anm. 6), S. 80 ff.
51 NA 3, 96, 118. Vgl. Schuller: Körper. Fieber. Räuber (Anm. 50), bes. S. 155 ff.; Robert: Vor der Klassik (Anm. 6), S. 84 ff.
52 Robert: Vor der Klassik (Anm. 6), S. 84 f. zeigt, dass bereits die Dissertation durch ihre militärisch perspektivierte Beschreibung des Kampfes des Körpers mit dem Fieber eine eigene Dramaturgie entfaltet.

53   Vgl. zu den satanischen Traditionen, die Schillers Drama zitiert, Hans-Richard Brittnacher: Die Räuber. In: Helmut Koopmann (Hrsg.): Schiller-Handbuch. Stuttgart [1998] 2011, S. 344–372, hier S. 365 ff.; Verf.: Ästhetik des Bösen. München 2010, S. 178 ff.; John Guthrie: Karl Moors satanische Rebellion. In: Peter-André Alt und Stefanie Hundehege (Hrsg.) unter Mitarbeit von Magdalena Schanz: Schillers Theaterpraxis. Berlin/Boston 2020, S. 124–137.

54   NA 3, 13, 14.

55   Friedrich Maximilian Klinger: Sturm und Drang. In: Ders.: Werke in zwei Bänden. Mit einem Vorwort von Hans Jürgen Geerdts. Berlin/ Weimar 1981, Bd. 1, S. 65–133, hier S. 96 (III,1), ferner S. 113 (IV,4), 118 (IV,6). Sprechend schon die Namen vieler Protagonisten: Blasius, La Feu und Wild, die an Hitze und Feuer erinnern. Vgl. auch Johann Anton Leisewitz: Julius von Tarent (1776). Hrsg. von Werner Keller. Stuttgart 1965, S. 40 (II,3).

56   Jakob Michael Reinhold Lenz: Der Hofmeister (1774). In: Ders.: Werke und Briefe in drei Bänden. Hrsg. von Sigrid Damm. München/ Wien 1987, Bd. 1, S. 67 (II,4); ders.: Die Soldaten (1776). In: Ebd., Bd. 1, S. 217 (II,2).

57   NA 20, 108. Dazu Wolfgang Riedel: Die Anthropologie des jungen Schiller. Zur Ideengeschichte der medizinischen Schriften und der *Philosophischen Briefe*. Würzburg 1985, S. 156 ff.

58   NA 3, 13, 14, 69.

59   Ebd., 2. Vgl. Hippocratis Aphorismen (Anm. 14), S. 102.

60   Ebd., 31. Zur figurenpsychologischen Funktion des hippokratischen Mottos Immer: Der inszenierte Held (Anm. 50), S. 232 f.

61   NA 3, 134.

62   Ebd., 68, 58, 132.

63   Ebd., 79.

64   Ebd., 15, 35, 79; NA 22, 120; NA 3, 99. Als Teufel erscheint auch Spiegelberg immer wieder: NA 3, 30, 56.

65   Ebd., 40.

66   SF 35; vgl. FA/S 8, 1197, NA 22, 48.

67   Erstmals so interpretiert von Schuller: Körper. Fieber. Räuber (Anm. 50), S. 162 f.

68   SF 7; vgl. FA/S 8, 1175, NA 22, 32.

69   NA 3, 18, 32.

70   Ebd., 7.

71   NA 22, 119.

72   Ebd., 121.

73   Vgl. hier Lessings Idee, dass das Drama ein Modell (»Schattenriß«) für den vernünftig eingerichteten Bau der Welt sein müsse: Gotthold

Ephraim Lessing: Hamburgische Dramaturgie. In: Ders.: Werke. 8 Bde. Hrsg. von Herbert G. Göpfert u.a. München 1970–1979, Bd. 4, S. 600 (79. Stück).

74 Zu den zeitgenössischen Bestimmungen der Teufelsfigur [Zedler:] Grosses vollständiges Universal-Lexicon (Anm. 9), Bd. 42, Sp. 1551, Sp. 1607. Vgl. dazu Michel Serres: Der Parasit. Aus dem Französischen übers. von Michael Bischoff. Frankfurt am Main 1987, bes. S. 384 ff. [zuerst: *Le parasite*. Paris 1980].

75 NA 3, 118. Auf diese Passage, in der Franz von seinen apokalyptischen Fieberträumen zu sprechen beginnt, verweist Schiller selbst – unter der falschen Quellenangabe »Life of Moor. Tragedy by Krake« – in seiner dritten Dissertation (NA 20, 60).

76 Jacob Friedrich Abel: Eine Quellenedition zum Philosophieunterricht an der Stuttgarter Karlsschule (1773–1782). Mit Einleitung, Übersetzung, Kommentar und Bibliographie hrsg. von Wolfgang Riedel. Würzburg 1995, S. 81 f. (Thesen XIV–XVI); vgl. die Übersetzung des Herausgebers ebd., S. 495 f.

77 NA 3, S. 118 f.

78 Ebd., 119. Bezüge zu 1. Sam. 25,36, 2. Mose 19,16–18, Offb. 8,2; 15,7; 20,13. Vgl. Friedrich Gottlob Klopstock: *Messias*, IV, 64 f., V, 351 f., VII, 601 f., XI, 1121 f. – Einzelbelege in NA 3, 434.

79 NA 3, 119.

80 SF 21; vgl. FA/S 8, 1185 f., NA 22, 39.

81 Diesen Zusammenhang erstmals gesehen zu haben, ist das Verdienst von Jörg Robert (Vor der Klassik [Anm. 6], S. 84 ff.), der nicht nur die semantische, sondern auch die dramaturgische Funktion des Fieberkonzepts in Schillers Debütstück überzeugend herausgearbeitet hat.

82 NA 3, 244.

83 Ebd., 243. – Vorbilder hier: Alexander Gottlieb Baumgarten: Aesthetica. Pars 1.2. Frankfurt an der Oder 1750/1758, S. 325 f. (§§ 505 f.); Georg Friedrich Meier: Anfangsgründe aller schönen Wissenschaften. 3 Bde. 2. Aufl. Halle [1749] 1754, bes. Bd. 3, S. 220 f.

84 Dazu Zumbusch: Die Immunität der Klassik (Anm. 20), S. 117.

85 SF 17 ff.; vgl. FA/S 8, 1183, NA 22, 38.

86 NA 3, 244.

87 SF 52 f.; vgl. FA/S 8, 1211, NA 22, 58.

88 In der *Verschwörung des Fiesko zu Genua* (1783) taucht der Fieberbegriff zweimal auf. In Szene II,4 behauptet Fiesko gegenüber seinem Spion Muley Hassan über die Genueser: »Schon das Wort: Doria schüttelt sie wie ein Fieberfrost.« (NA 4, 42) In der Szene III,2 erklärt Fiesko in seinem hochfliegenden Monolog über Größe und Herrschaft: »[...] die unbändigen Leidenschaften des Volks, gleich so-

viel strampfenden Roßen, mit dem weichen Spiele des Zügels zu zwingen – den emporstrebenden Stolz der Vasallen mit einem – einem
Athemzug in den Staub zu legen, wenn der schöpfrische Fürstenstab
auch die Träume des fürstlichen Fiebers ins Leben schwingt« (NA 4,
67). Das Fieber ist hier eine Metapher für die Hybris der Mächtigen,
die das Leben und ihre Untertanen mit einem Stab – dem Sinnbild
ihrer Herrschaft – bezwingen wollen. In *Kabale und Liebe* (1784) erklärt Ferdinand Luise in V,2:»Mein Kopf brennt so fieberisch.« (NA
5, 92) Die Erhitzung ist ein Zeichen für die permanente Erregung, in
der sich Ferdinand befindet – sie führt zum doppelten Giftmord aus
irregeleiteter Eifersucht.

89   Abbé Saint-Réal: Dom Carlos Nouvelle Historique. Amsterdam 1672,
     bes. S. 20 ff. Vgl. zur Verbindung von Politik und Psychologie die Bei-
     träge in: Christine Maillard (Hrsg.): Friedrich Schiller: ›Don Carlos‹.
     Théâtre, psychologie et politique. Strasbourg 1998.

90   NA 6, 16 (V. 157 ff.).

91   Ebd. (V. 160 ff.). Zu Psychologie und Beobachtungskunst vgl. Fried-
     rich A. Kittler: Carlos als Carlsschüler. Ein Familiengemälde in ei-
     nem fürstlichen Haus. In: Wilfried Barner, Eberhard Lämmert und
     Norbert Oellers (Hrsg.): Unser Commercium. Goethes und Schillers
     Literaturpolitik. Stuttgart 1984, S. 241–273.

92   SF 13; vgl. FA/S 8, 1180, NA 22, 35.

93   NA 6, 70, 73 (V. 1333, V. 1422). Vgl. dazu Immer: Der inszenierte Held
     (Anm. 50), S. 279 ff.

94   Ebd., 69 (V. 1312).

95   Ebd., 74 (V. 1427 ff.).

96   Ebd., 72 (V. 1383).

97   Ebd., 101 (V. 1933 ff.).

98   Ebd., 140 (V. 2748). Vgl. Hartmut Reinhardt: Don Karlos. In: Koop-
     mann: Schiller-Handbuch (Anm. 53), S. 399–415, hier S. 404.

99   Vgl. Jean-Jacques Rousseau: Discours sur l'inégalité / Über die Un-
     gleichheit (1755). In: Ders.: Schriften zur Kulturkritik. Eingel., übers.
     und hrsg. von Kurt Weigand. Hamburg 1983, S. 100 ff.

100 Johann Wolfgang Goethe: Torquato Tasso. In: MA 3.1, 441 (I,3,
     V. 492).

101 NA 6, 80 (V. 1524).

102 NA 20, 113 f. (Raffaels Diagnose der bei Julius eintretenden »Krisis«);
     Karl Philipp Moritz: Anton Reiser. In: Ders.: Werke. 3 Bde. Hrsg. von
     Horst Günther. 2. Aufl. Frankfurt am Main [1981] 1993, Bd. 1, bes.
     S. 354 (»Reiz einer angespannten erhitzten Einbildungskraft«).

103 NA 6, 54 (V. 999).

104 Vgl. hier anregend (aber ohne detaillierteren Bezug auf *Don Karlos*)

Kurt Wölfel: Machiavellische Spuren in Schillers Dramen. In: Achim Aurnhammer, Klaus Manger und Friedrich Strack (Hrsg.): Schiller und die höfische Welt. Tübingen 1990, S. 318–340.

105 NA 6, 69 (V. 1321).

106 Ebd., 44 (V. 799 ff.).

107 Ebd., 149 ff. (V. 2945 ff.). Zum Motiv des Argwohns und seinen Rousseau-Referenzen Verf.: Schiller. Leben – Werk – Zeit (Anm. 6), Bd. 1, S. 441 ff.

108 NA 6, 152 (V. 2999 f.).

109 Kälte: NA 6, 18 (V. 244), 19 (V. 251), 89 (V. 1704), 159 (V. 3143), 166 (V. 3286), 339 (V. 6283); Schlange: NA 6, 14 (V. 127), 102 (V. 1960), 105 (V. 2037); Gift: NA 6, 14 (V. 127), 153 (V. 3018), 253 (V. 4824). Vgl. Jean-Jacques Rousseau: Discours sur les sciences et les arts (1750). In: Ders.: Schriften zur Kulturkritik (Anm. 99), S. 12; vgl. dazu Helmuth Kiesel: ›Bei Hof, bei Höll‹. Untersuchungen zur literarischen Hofkritik von Sebastian Brant bis Friedrich Schiller. Tübingen 1979, S. 24 ff.

110 Zum typologischen Ansatz Robert: Vor der Klassik (Anm. 6), S. 65 f.

111 Dazu Marion Hille: Liebe zielt nach Einheit, Egoismus ist Einsamkeit. Zum Opfergedanken in Schillers Don Carlos und den Philosophischen Briefen. In: Euphorion 99 (2005), H. 1/2, S. 115–128.

112 NA 6, 200 (V. 4047 ff.).

113 Im Geisterseher (1789) erscheint das Fieber dann als Objekt einer detektivischen Beobachtung, die in ihm Spuren jener Verwirrungen erkennt, welche das Verbrechen auslöst (NA 16, 51, 100). Vgl. zu den Elementen eines frühen kriminalistischen Erzählens in Schillers Roman Jörg Robert: Fieberwissen und Intrige im Geisterseher. In: Ders. (Hrsg.) unter Mitarbeit von Marisa Irawan: »Ein Aggregat von Bruchstücken«. Fragment und Fragmentarismus im Werk Friedrich Schillers. Würzburg 2013, S. 113–132. – Im Verbrechen aus Infamie bildet das Fieber wiederum das Zeichen jener Mischung aus Absence und Affektausbruch, die eine amoralische Tat – hier einen Mord – ermöglicht (NA 16, 16).

114 In der Geschichte des Abfalls der vereinigten Niederlande von der Spanischen Regierung (1788) taucht das Fiebermotiv in ähnlichem Zusammenhang wie in der Eboli-Episode des Don Karlos auf. Im ersten Fall wird berichtet, dass König Philipp seine Abreise in die Niederlande verzögerte, weil er an einem womöglich nur vorgeschützten Dreitagesfieber litt (NA 17, 265). Der Marsch in die Niederlande wiederum, der über den Hafen von Genua führte, wird, so erzählt Schiller, durch eine Fiebererkrankung des Herzogs Alba verzögert (NA 17, 267). Das Fieber bedeutet in beiden Fällen ein Moment der

Retardation, weshalb es auch gelegentlich – wie bei Philipp – als Vorwand für eine gewünschte Verschleppung der Zeitabläufe taugt. Das Fieber ist ein tückisches Instrument des naturhaften Schicksals oder des Vorsatzes, je nachdem, ob es den Menschen objektiv ereilt oder nur subjektiv vorgeschützt wird. Der Fieber-Topos reflektiert insofern tatsächliche oder im Zeichen bewussten Kalküls nur suggerierte Heteronomie.

115 Diderot hat in seiner Studie *De la poésie dramatique* (1758) das Tableau-Prinzip beschrieben, bei dem eine locker verbundene Folge von Szenen einzelne »Gemälde« – so Lessings Übersetzung von 1760 – und dadurch in sich kohärente Sinneinheiten ausbildet. [Denis Diderot]: Das Theater des Herrn Diderot. Aus dem Französischen übers. von Gotthold Ephraim Lessing. Hrsg. von Klaus-Detlef Müller. Stuttgart 1986, S. 325 ff. Vgl. Paul Böckmann: Schillers *Don Karlos*. Edition der ursprünglichen Fassung und entstehungsgeschichtlicher Kommentar. Stuttgart 1974, S. 380 ff.

116 NA 23, 144.

117 Weniger eindeutig ist die Verwendung des Fiebertopos im Drama der klassischen Periode. In *Wallensteins Tod* (1800) erscheint er als Element jener tragischen Ironie, die diese Trilogie so entscheidend prägt. Wallenstein erklärt, nachdem ihn Seni und Gordon am Abend seiner Ermordung vor den düsteren Vorzeichen seines Verrats gewarnt haben, mit voller Überzeugung: »Ihr sprecht im Fieber, einer wie der andre.« (NA 8, 341, V. 3630). Nicht das Fieber ist jedoch für die Prognosen Senis und Gordons verantwortlich; was sie ankündigen und wovor sie Wallenstein warnen, wird sich wenig später erfüllen. Der Hinweis auf das vermeintliche Fieber, das ihre Gedanken vernebelt, ist nur ein Indiz für Wallensteins Hybris und seine Unfähigkeit, der eigenen irrationalen Zuversicht zu misstrauen. – Auch in der *Jungfrau von Orleans* (1801) wird das Fiebermotiv in gewisser Weise verkehrt. Talbot, der englische Feldherr und Vertreter einer kühl kalkulierenden Venunft, sieht inmitten der Schlacht, wie seine Soldaten angesichts der den französischen Truppen vorauseilenden Johanna den Kampf aufgeben und die Flucht ergreifen. Johanna betrachten sie als Gesandte des Teufels, die das englische Heer vernichten wird. Talbot sucht seine Truppen vergebens zusammenzuhalten: »Bin ich der einzig Nüchterne und alles / Muß um mich her in Fiebers Hitze rasen.« (NA 9, 226, V. 1538 f.) Ähnlich wie bei Wallenstein zeigt der Hinweis auf das Fieber eine Verkennung der Situation an. Vom Fieber ist eher Talbot als seine Truppe beherrscht, denn er verkennt die Kraft der sich von göttlichen Kräften unterstützt fühlenden Jungfrau. Der Vorwurf des Irrationalismus, der in der Anspielung auf das

Fieber mitschwingt, erweist sich als Teil jener Verblendung, die im tragischen Kontext nicht nur bei Schiller stets fatale Folgen hat. Wie Wallenstein wird auch Talbot als Opfer einer Selbstüberschätzung untergehen, die zugleich Fehleinschätzung der gegebenen Gefahrenlage ist (ebd., 258, V. 2346 ff.).

118 SF 53; vgl. FA/S 8, 1210, NA 22, 57.

119 So in *Ueber naive und sentimentalische Dichtung* (1795/1796). NA 20, 414 f. Vgl. Carsten Zelle: Die doppelte Ästhetik der Moderne. Revisionen des Schönen von Boileau bis Nietzsche. Stuttgart 1995, S. 195 ff. Zum Naturbegriff und zu der ihm zugrundeliegenden Rousseau-Rezeption auch Verf.: Akkulturation des Wilden bei Schiller. In: Jörg Robert (Hrsg.): Poetik des Wilden. Festschrift für Wolfgang Riedel. Würzburg 2012, S. 263–286.

120 Zumbusch: Die Immunität der Klassik (Anm. 20), S. 113 ff.

121 Jörg Robert nennt das Fieber eine »meta-poetologische Kategorie« (Vor der Klassik [Anm. 6], S. 60). Zu bevorzugen wäre demgegenüber der Begriff ›metapoetisch‹, weil er die im engeren Sinne literarische wie die auf Aspekte der Poetik im Allgemeinen bezogene Ebene gleichermaßen umfasst.

122 Foucault: Die Geburt der Klinik (Anm. 8), S. 186 ff.

Cornelia Zumbusch

Absolute Immunität

Politische Affekte und ästhetischer Schutz in Schillers *Braut von Messina*

I. Die ›absolute Immunität‹ der Kunst

Die »Kunst, wie die Wissenschaft«, so schreibt Schiller in seinen Briefen *Über die ästhetische Erziehung des Menschen*, »[...] erfreuen sich einer absoluten *Immunität* von der Willkür der Menschen«.[1] Dieser Satz bildet das Scharnier in einer Argumentation, die ausgehend von einer politischen Diagnose der eigenen Zeit den besonderen Nutzen der Kunst bestimmen möchte. Die Französische Revolution, so Schillers Analyse, kam zu einem Zeitpunkt, als das Volk noch nicht bereit für die Freiheit war. Damit der Übergang vom ›Naturstaat‹ – in diesem Falle dem Gewaltstaat des *Ancien Régime* – zum republikanischen ›Vernunftstaat‹ gebahnt werden kann, müssen die Menschen zur Freiheit erzogen werden. Hier, so Schillers Vorschlag, kann die Kunst einspringen. Um diese Behauptung plausibel zu machen, verweist Schiller auf die ›absolute Immunität‹ der Kunst. Sie sei, so lautet die geläufige Deutung dieser Stelle, immun im juristischen Sinn der diplomatischen Immunität oder der Kirchenfreiheit. Sie situiert sich zwar in den Grenzen des Staates, bleibt seinen Forderungen aber zumindest zum Teil entzogen.[2] Damit sind die Bedeutungs-

dimensionen der überaus gezielt platzierten Rede von einer
Immunität der Kunst aber keineswegs erschöpft. Vielmehr
entfaltet Schillers Text einen politisch-medizinischen Dop-
pelsinn, der zwar angesichts seiner Ausbildung zum Arzt
nicht grundsätzlich überrascht, der aber in der Radikalität
und auch Treffsicherheit durchaus bemerkenswert ist.

Um der Kunst ihre Immunität zu sichern, so heißt es in
den Briefen *Über die ästhetische Erziehung* weiter, dürfe der
Künstler nicht »Zögling« oder »Günstling« seiner Zeit sein,
sondern müsse sich vom herrschenden Geschmack distanzieren. Er müsse sich, so erläutert Schiller weiter, »unan-
gesteckt von der Verderbnis der Geschlechter und Zeiten«,
»bei aller politischen Verderbnis rein und lauter« halten.[3]
Bereits im fünften Brief war von den »Ansteckungen« der
Gesellschaft die Rede, die von der »Schlaffheit« und »De-
pravation« der »zivilisierten Klassen« ausgehen.[4] Der Verbindung von Zivilisierung und Ansteckung liegt eine kulturhistorische These zugrunde, die Schiller bereits in seinem
*Versuch über den Zusammenhang der tierischen Natur des
Menschen mit seiner geistigen* skizziert hatte. Hier wird in
einem kurzen Abriss der Menschheitsgeschichte davon erzählt, wie mit der Neuzeit »der Luxus in Weichlichkeit und
Schwelgerei ausgeartet, in den Gebeinen der Menschen
zu toben anfängt, und Seuchen ausbrütet«.[5] Überkultivie-
rung, assoziiert mit Luxus und Dekadenz, erscheint nicht
nur einer ansteckenden Krankheit vergleichbar, sondern ist
direkt für die Entstehung und Ausbreitung von Epidemien
verantwortlich. Wenn Schiller also davon spricht, dass sich
Künstler nicht an den Pathologien ihrer eigenen Zeit anstecken sollen, dann aktiviert er hier die sprachhistorisch
im 18. Jahrhundert neue, heute dafür umso vertrautere
medizinische Bedeutung der Immunität. Immun heißt im
Sprachgebrauch des 18. Jahrhunderts zwar noch nicht, eine

spezifische Widerstandskraft gegen einzelne Krankheiten entwickelt zu haben. Als *immunia ab contagio*, mithin als Freiheit von einer Ansteckung oder einem Ansteckungsstoff, wird der modernen Auffassung von der Immunität gegen etwas jedoch schon vorgearbeitet.[6]

Angesichts der Vorstellung von einer seuchengeplagten Neuzeit und einer von Epidemien noch nicht heimgesuchten Frühzeit des Menschen überrascht es nicht, dass die Rede von der immunen Kunst in den Briefen *Über die ästhetische Erziehung des Menschen* in den klassizistischen Rekurs auf die Antike eingelassen ist. Nur indem sich der Künstler an den reinen Formen der Antike schule, könne er sich von den Pathologien der eigenen Gegenwart freihalten. Hier wird dem Künstler nun eine erstaunlich drastische Aufgabe angetragen, muss er sich doch nicht nur zum Fremden, sondern gar zum Muttermörder machen. Er solle kommen wie Orest, der Sohn Agamemnons, der seine Mutter tötet, um den Mord am Vater zu rächen. Nimmt man den hier unterlegten mythologischen Subtext ernst, dann springt die Kunst dort ›reinigend‹ ein, wo das Gesetz des Vaters illegitim abgesetzt wurde. Hier schließt sich wiederum der Kreis zur Kritik an der Französischen Revolution, mit der Schiller die Argumentation der ersten Briefe grundiert. Seine Rede von der absoluten Immunität der Kunst meint also nicht nur einen rechtlichen Zustand der Unbelangbarkeit, sondern zielt vor allem auf einen Zustand der inneren Freiheit, in dem man sich von den herrschenden poetischen wie politischen Pathologien der Zeit absetzt. Erst in diesem medizinisch angereicherten Sinn kann der Kunst ihre besondere pädagogisch-therapeutische Funktion in den politischen Wirren der eigenen Zeit angewiesen werden.

Das 1794 skizzierte Programm einer immunen Kunst baut Schiller in seinem erst 1801 publizierten, aber wahrscheinlich bereits 1796 verfassten Text *Über das Erhabene* zu einer tragödientheoretischen Figur aus. Indem der Zuschauer zum Zeugen des heftigen Leidens eines Helden werde, betreibe das Theater die »Inokulation des unvermeidlichen Schicksals«.[7] Diese Formel will wirkungsästhetisch verstanden werden, sind es doch weniger die leidenden Helden, denen man bei der Immunisierung gegen ihr Schicksal zusieht. Vielmehr können die Rezipierenden im Theater Erfahrungen machen, die sie auf mögliche eigene Schicksalsschläge vorbereiten. Dieses Wirkungsziel beruht auf einer Auslösung starker Affekte, von denen man sich, so sieht Schillers Dramaturgie es vor, befreien kann, indem man sie im geschützten Theaterraum präventiv erlebt. Der Theaterbesuch kann auf reale Unglücksfälle vorbereiten, indem er seine Zuschauer in den Stand setzt, sich im Ernstfall in Seelenruhe über das Leiden erheben zu können. Mit dem Konzept einer tragischen Impfung rückt der immunologische Mechanismus ins Zentrum einer Tragödientheorie, die sich zwischen stoizistischer Bewunderungsästhetik und empfindsamer Mitleidspoetik bewegt. Nicht rigide Affektvermeidung, sondern Gewöhnung an sie scheint der Weg zu sein. Die Tragödie immunisiert, weil sie die Fähigkeit trainiert, sich von Affekten freizuhalten. Die historische Praxis der Impfung wie auch die begleitenden, teils kontroversen Debatten sind für Schillers überaus gezielten Einsatz immunologischer Metaphern in den Briefen *Über die ästhetische Erziehung* wie auch in *Über das Erhabene* durchaus aufschlussreich.

In Europa praktiziert man ab Anfang des 18. Jahrhunderts ein besonderes Verfahren der aktiven Immunisierung. Die Pocken oder Blattern, die wie kaum eine andere Krankheit für die hohe Kindersterblichkeit verantwortlich sind, bieten eine vorzügliche Versuchsumgebung. Man setzt, dies bringt die gartenbauliche Metapher vom Impfen, Inokulieren, Pfropfen oder Belzen zum Ausdruck, Schnitte an Armen und Beinen, in die man frischen Pockeneiter von akut Kranken einlegt. Verabreicht wird also die Krankheit selbst – Schillers Formel von der Inokulation *mit* dem Schicksal und nicht *gegen* das Schicksal bildet diesen Vorgang ab. Im Unterschied zu einer zufälligen Infektion sollen die künstlich verabreichten Pocken den Organismus in einem guten Allgemeinzustand antreffen, der die Infektion entsprechend besser übersteht. Entscheidend für moderne Präventionspraktiken ist die dabei gewonnene Einsicht, dass sich durch die dosierte Infektion ein milderer Krankheitsverlauf erwarten lässt, der zumindest im Fall der Pocken zu lebenslangem Schutz vor erneuter Ansteckung führt. Hatte man seit den Erfahrungen mit der Pest im späten Mittelalter auf Seuchenzüge mit dem Abschluss der Seuchenherde durch Quarantäne oder durch die Bildung von *cordons sanitaires* reagiert, so steht mit der Impfung eine neue, durchaus angsterregende und entsprechend umstrittene Herangehensweise zur Verfügung. Denn die Impfung verfährt nicht als rigider Ausschluss, sondern als vorbeugender Einschluss des Schädigenden. Dazu kommt, dass die Impfung bis weit ins 19. Jahrhundert hinein ein lediglich auf empirischer Basis erprobtes, wissenschaftlich aber undurchschautes »Experiment« bleibt.[8] Ihr das gesamte 18. Jahrhundert umspannender Aufstieg zum womöglich wichtigsten Instrument der Seuchenbekämpfung war entsprechend von Rückschlägen durchsetzt. In den 1790er Jahren, in denen Schiller seine ästhetischen Schriften verfasst, wurden die Vor- und Nachteile der Pockenschutzimpfung besonders intensiv diskutiert. Der historische Hintergrund dieser Debatten sei hier kurz skizziert.

II. Probleme mit der Impfung

Lady Wotley Montagu, Gattin des englischen Botschafters in Konstantinopel, lässt die Pockenschutzimpfung schon am Ende des 17. Jahrhunderts nach dem Vorbild der einheimischen Bevölkerung an ihren eigenen Kindern erproben und trägt nach ihrer Rückkehr entscheidend zur Popularisierung der Impfung in England bei.[9] Voltaire engagiert sich früh in seinen Briefen aus England für die Impfung, die, so klagt er, wie alle aufgeklärten Ideen ihren Weg über den Kanal nur allzu langsam antritt.[10] Die Enzyklopädisten setzen sich zwar für die Impfung gegen die Pocken ein, das französische Parlament verfügt jedoch 1763 ein Verbot der Inokulation, da durch den unvorsichtigen Handel mit den künstlichen Pocken lokale Epidemien ausgelöst wurden. Wie in Frankreich setzt sich auch in Deutschland die Inokulation nur zögernd durch und bleibt vor allem Sache aufgeklärter (und zahlungsfähiger) Familien (Abb. 1). Im Eintrag »Blatter-Belzen« im 1733 erschienenen vierten Band von Zedlers *Universallexicon* zeigt man sich zwar noch optimistisch, im 1741 erschienenen Band 28 hingegen klingt unter dem Lemma »Pocken (Okulieren der)« eher Skepsis an: »Die Engelländer machen davon viel Wesens [...]. Die deutschen Aerzte aber zweifeln noch sehr daran«.[11]

Das prekäre Verhältnis von Schutz und Gefahr bei der Pockenprävention lässt auch die Moralphilosophien ratlos. Kant präzisiert die Frage in der *Metaphysik der Sitten*:

> Wer sich die Pocken einimpfen zu lassen beschließt, wagt sein Leben aufs Ungewisse: ob er es zwar tut, um sein Leben zu erhalten, und ist so fern in einem weit bedenklicheren Fall des Pflichtgesetzes, als der Seefahrer, welcher doch wenigstens den Sturm nicht macht, dem er sich anvertraut, statt dessen jener die Krankheit, die ihn in Todesgefahr bringt, sich selbst zuzieht. Ist also die Pockeninokulation erlaubt?[12]

Abb. 1: Louis-Léopold Boilly: *La vaccination* (1807).

Kant bestreitet den in den Diskussionen gern gebrauchten Vergleich der Impfung mit der Seefahrt, denn schließlich führt der Seefahrer den Sturm nicht selbst herbei, wohingegen der Impfwillige die Krankheit willkürlich auslöst. Während der eine sein Schicksal lediglich herausfordert, macht der andere es selbst. Diesen Gedankengang entwickelt Kant als letzte der »kasuistischen Fragen« zur Diskussion der »Selbstentleibung«, die für Kant klarerweise »ein Verbrechen (Mord)« ist.[13] Dennoch seien Fälle denkbar, in denen sich der Selbstmord sittlich rechtfertigen ließe. Dazu zählen das Selbstopfer fürs Vaterland, der Vorgriff auf ein verhängtes Todesurteil oder der Selbstmord als vorbeugende Maßnahme, falls es dem Allgemeinwohl schaden würde, wenn man am Leben bliebe. Diese dritte Variante macht Kant am Beispiel eines Tollwütigen deutlich, der sich umbrachte, bevor er »andere Menschen auch unglücklich machte.«[14] Wie sich an diesen drei Fallbeispielen abzeichnet, hält Kant die Impfung zwar für ethisch eigentlich nicht vertretbar. Im Blick auf das Gemeinwohl, etwa um andere nicht durch Ansteckung zu gefährden, könne sie jedoch Pflicht werden. Diese Überlegungen wird Kant jedoch revidieren.

Die in der *Metaphysik der Sitten* offengebliebene Frage greift Kant in späteren Notizen noch einmal auf und entscheidet sie dort mit der endgültigen Ablehnung der Impfung.[15] Die Pocken seien zwar eine »Krankheit wegen deren [sic!] man in größerer Gefahr ist wenn man sich der Natur überläßt als wenn man ihr zuvorkommt und sie sich selbst zufügt um sie mit mehrer Sicherheit heilen zu können«.[16] Weil aber der Versuch, der Natur durch eine Selbstgefährdung zuvorzukommen, eine »Pflichtverletzung« und damit »etwas moralisch Böses« darstellt, wiegt die moralische Gefahr der künstlichen Pocken schwerer als die physische Gefahr der natürlichen Pocken. Kant scheint dieses Ergebnis selbst zu bedauern: »Die Pockennoth ist darum eine der am meisten bekümmernden weil das Mittel wider dieselbe zugleich der Moralitaet entgegen scheint.«[17] Zu diesen zwischen August 1799 und April 1800 angestellten Überlegungen hat sich Kant wahrscheinlich durch eine Anfrage Johann Christian Wilhelm Junckers anregen lassen.[18] Juncker arbeitet nach einer Pockenepidemie in Halle 1791 einen detaillierten Plan der Seuchenprävention aus, den er in drei Bänden zwischen 1792 und 1797 publiziert. Es sei endlich das Wissen zu verbreiten, dass die Pocken durch Ansteckung entstünden, vor allem aber soll man »die Ansteckung seiner selbst verhüten suchen, keine andere [sic!] anstecken und so auch die Humanität cultivieren«.[19] Teil der Kampagne ist eine 1799 an verschiedene Philosophen ausgesandte Aufforderung, sich zu den sittlichen Implikationen der

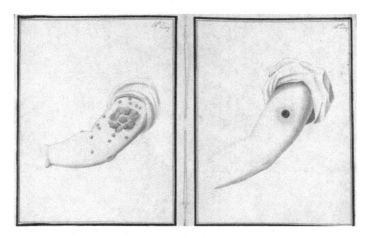

Abb. 2: The progress of smallpox (L) and cowpox (R) inoculations sixteen days after administration (1802).

Impfung zu äußern. Den von der Impfung bereitgehaltenen Steuerungsmöglichkeiten begegnet man hier mehrheitlich mit Vorbehalten. Es könne nicht die Sache des Staats sein, Bürger gegen ihren Willen mit einer Krankheit zu infizieren. Die künstliche Krankheit, so Junckers Kritiker, lasse sich nicht per Gesetz verordnen.

Mit der Einsetzung der staatlichen Impfpflicht wird man diese Einwände mit Beginn des 19. Jahrhunderts übergehen. Die allgemeine Impfpflicht führen 1807 zuerst Bayern und Hessen ein, es folgen Baden (1815), Württemberg und Nassau (1818) und schließlich Sachsen-Weimar-Eisenach (1825). Zum Durchbruch verhilft hier nicht zuletzt die von Edward Jenner in den 1790er Jahren entwickelte, weit besser verträgliche Impfung mit den Kuhpocken.[20] Von *vacca* (Kuh) leitet sich die heute geläufige Vokabel der *vaccination* her (Abb. 2, 3).

Parallel dazu wird im 19. Jahrhundert das Instrumentarium der öffentlichen Gesundheitsvorsorge weiter ver-

Abb. 3: John Raphael Smith: *Edward Jenner on a tree* (1800).

feinert. Die Einrichtung von Sanitätskommissionen, Vor-
schriften für Desinfektionsmaßnahmen bis hin zum Verbot
der Zusammenrottung von Menschenmassen in Seuchen-
zeiten werden im sogenannten bakteriologischen Zeitalter
zu festen Bestandteilen eines staatlich gelenkten Seuchenschutzes.[21] Eindämmung als Leitmetapher für den Schutz

der Bevölkerung vor Krankheiten deutet sich schon im 18. Jahrhundert als Leitvorstellung öffentlicher Gesundheitsvorsorge an. In Johann Peter Franks *System einer vollständigen medicinischen Policey*, das zwischen 1779 und 1819 in neun Bänden erscheint, steht die Seuchenprävention im Dienst des populationistischen Hauptsatzes. Sein Argumentationsziel setzt Frank ins Bild vom sorgfältig eingedämmten Teich: »Es wäre in meinen Augen lächerlich, einen Teich anfüllen zu wollen, bevor die Dämme verwahrt sind; und ein Land bevölkern, ohne die Einwohner durch kluge Anstalten zu schützen und zu erhalten.«[22] Das kluge Staatsoberhaupt, so impliziert Frank, schafft einen nach Außen abgeschlossenen Raum, in dem sich die Bevölkerung optimal vermehren kann. Gesundheitspolitik avanciert zur Regierungstechnik. Der im 18. Jahrhundert neu etablierte Umgang mit den Pocken wird für Michel Foucault denn auch zum Exempel einer Regierungsform, die vorsorglich steuert statt nachträglich zu disziplinieren.[23]

Der Prävention dient nicht nur die Impfung, sondern auch die statistische Erfassung von Seuchenzügen. Das in diesem Kontext immer wieder untersuchte Beispiel bieten Johann Peter Süßmilchs *Gedancken von den epidemischen Krankheiten und dem grösseren Sterben des 1757ten Jahres*, die man als Beginn der Demographie gelesen hat (Abb. 4).[24] Die Akkumulation von Zahlen und ihre anschauliche Aufbereitung wird schließlich zu einem wichtigen Argument im Streit um die Impfung. So versucht der Weimarer Arzt Christoph Wilhelm Hufeland, zu dessen Patienten neben Goethe zeitweise auch Schiller gehörte, in seinen *Bemerkungen über die natürlichen und geimpften Blattern zu Weimar im Jahr 1788* am konkreten Beispiel einer saisonalen Pockenepidemie in Weimar den Nutzen

⚜ 25 ⚜

Es ſturben:

In der Woche		Erwachſene.	Kinder.	In Summa	Unter ſolchen Kindern an Maſern und Röteln.
1ſten, vom 9.–16 April	—	47 —	48 —	95 —	/ .
16. — 16.–23.April	—	39 —	47 —	86 —	7
17. — 30.April	—	37 —	67 —	104 —	13
18. — 1.–7 May	—	34 —	73 —	107 —	10
19. — 14.May	—	43 —	59 —	104 —	18
20. — 21.May	—	38 —	97 —	135 —	34
21. — 28.May	—	42 —	113 —	155 —	56
22. — 4.Junius	—	32 —	104 —	136 —	71
23. — 11.Junius	—	30 —	109 —	139 —	84
24. — 18.Junius	—	39 —	101 —	140 —	68
25. — 25.Junius	—	27 —	95 —	122 —	58
26. — 2.Julius	—	43 —	69 —	112 —	29
27. — 9.Julius	—	20 —	65 —	85 —	34
28. — 16.Julius	—	39 —	57 —	96 —	15
29. — 23.Julius	—	20 —	52 —	72 —	11
30. — 30.Julius	—	35 —	49 —	84 —	3
31. — 6.August	—	25 —	45 —	70 —	7
32. — 13.August	—	27 —	48 —	75 —	4
33. — 20.August	—	24 —	53 —	77 —	1

Summa = 591
meiſt 600.

Es war ſelbiges Jahr für Berlin ebenfals epidemiſch; indem 4632 Perſonen mehr ſturben, als um die Zeit nach der Mittel-Zahl ſeyn ſollte. Aus dieſer Liſte erſiehet man, daß die Urſache lediglich in dieſer Seu-

Abb. 4: Johann Peter Süßmilch: Gedancken von den epidemischen Krankheiten und dem grösseren Sterben des 1757ten Jahres. Berlin 1758, S. 25.

der Impfung zu bestimmen.[25] In drei Mortalitätstabellen stellt er den Verlauf der Epidemie über sechs Monate hinweg anhand der Erkrankungen, Impfungen und Sterbefälle, aufgeschlüsselt nach Alter und Geschlecht, dar.[26] Dem frühen Epidemiologen – Hufeland nennt sich selbst einen

»Epidemienbeschreiber« – gilt der jeweils herrschende allgemeine Gesundheitszustand das, »was dem Schlachtenbeschreiber die Schilderung des Terrains« sei.[27] Im Kontext einer Auffassung von Seuchen nicht allein als medizinische, sondern vor allem als historische Ereignisse gleicht der soziale Körper der Bevölkerung einem Schlachtfeld, die Seuche figuriert als politischer Gegner, die medizinische Intervention kann sich als Krieg verstehen.

Die hier angedeuteten Linien der Auseinandersetzung führen mit einigen Verschiebungen und Verwerfungen in die jüngste Gegenwart. Isolation als Schutz, die Evidenz der Zahlen, Rhetoriken von Kampf und Krieg, aber auch der Streit um die Angemessenheit wie auch die rechtliche Grundlage gesundheitspolitischer Maßnahmen, Impfkampagnen, Impfskepsis und Diskussionen um eine Impfpflicht lassen sich seit dem Frühjahr 2020 im Umgang mit SARS-Covid19 bestens beobachten. Zwar sind grassierende Infektionskrankheiten so alt wie die neolithische Revolution, die mit dem engeren Zusammenleben von Menschen und Tieren zur Ausbildung und zur Verbreitung unterschiedlicher pathogener Mikroorganismen geführt hat. In den gezielten, im Kollektiv angestrengten Verfahren eines vorgreifenden Seuchenschutzes und insbesondere in der Immunisierung durch Impfung scheint man es jedoch mit einem besonderen Kennzeichen moderner Gesellschaften zu tun zu haben. Die Impfung markiert nicht nur aus der Sicht Michel Foucaults den Übergang von der biopolitischen Disziplinierung zur administrativen Steuerung und bezeichnet damit die Schwelle zur Moderne.[28] Auch Niklas Luhmann ist auf die Tatsache aufmerksam geworden, dass man sich »besonders seit dem 18. Jahrhundert verstärkt um eine soziale Immunologie bemüht«.[29] Mit der Entdeckung der Impfung im 18. Jahrhundert sei, so formuliert Roberto Esposito mit Luhmann, das »Gebot der Immunisierung« »zum symbolischen und materiellen Ausgangspunkt unserer sozialen Systeme« geworden.[30] Giorgio Agambens umstrittener Einsatz in den im Frühjahr 2020 geführten Debatten um die Eindämmungsmaßnahmen hat diese Diagnose radikalisiert und zur Dystopie eines fortgesetzten Ausnahmezustands überzeichnet.[31]

Wenn Schiller die Kunst metaphorisch auf die Freiheit von Ansteckung verpflichtet und den Mechanismus eines Schutzes durch Schädigung zum poetologischen Prinzip macht, dann bewegt er sich also am Knotenpunkt medizinischer und politischer Diskurse, die sich für Beschreibungen moderner Gesellschaften als außerordentlich prägend erwiesen haben. Bezieht man sich auf den historischen Ort der Schillerschen Reflexionen, so drängt sich die Frage auf, ob es Schiller dort, wo er von Immunität und Inokulation spricht, um individuelle medizinische oder eben affektdiätetische Maßnahmen oder nicht vielmehr um die Sicherung politischer Gemeinschaften geht. Der Argumentationskontext der Briefe *Über die ästhetische Erziehung* mit seiner pointierten Gegenwartsanalyse weist in diese Richtung. Ausgearbeitet ist die Vorstellung von einem immunologischen Schutz des Gemeinwesens, den die zentral platzierten Metaphern andeuten, aber erst in Schillers dramatischen Texten.[32] An Schillers Stück *Die Braut von Messina* lassen sich die dramatischen Strategien, zu denen Schillers Programm einer poetischen und zugleich politischen Immunisierung führt, exemplarisch beobachten. Schiller entfaltet in der Figurenführung eine Affektdynamik, die im Getriebensein durch Leidenschaften entfesselte politische Gewalten abbildet. Dabei wird, so viel sei als These vorweggenommen, die tragische Katharsis auf eine Abwehr politischer Affekte ausgerichtet, die Schiller nach dem Modell der medizinischen Immunisierung entwirft.

III. *Die Braut von Messina* und die ansteckende Gewalt der Affekte

In der *Braut von Messina oder Die feindlichen Brüder. Ein Trauerspiel mit Chören* (1803) orientiert sich Schiller, wie in den Briefen *Über die ästhetische Erziehung des Menschen* gefordert, an der Antike, indem er den aus der neuzeitlichen Tragödie längst verbannten Chor wieder als Mitspieler auf die Bühne holt. Schiller begleitet dieses Antikenexperiment mit einer theoretischen Beigabe, dem Text *Über den Gebrauch des Chors in der Tragödie*, in dem die Thesen der ästhetischen Briefe und der Schrift *Über das Erhabene* aufgenommen und dramaturgisch weiter präzisiert sind. In verfremdendem Gestus bezieht sich die *Braut von Messina* aber auch auf die politischen Wirren der Zeit. Zeitgenossen zumindest haben unschwer das »Denkmal unserer unseligen Zeiten« erkannt, führe das Stück doch all das vor,

> was wir in jenen schwarzen Tagen des Schreckens und Entsetzens erlebt haben: jene wüthenden Angriffe auf alle durch hohes Alter geheiligten Ordnungen der Gesellschaft, die Zertrümmerung so vieler Verfassungen, der Umsturz so vieler Reiche, [...] die Drangsale so vieler Völker, die Beängstigung so vieler Familien [...] und was gräulicher als alles, die äußerste Zerrüttung in den Gemüthern, der Groll, die Zwietracht, das Mißtrauen in dem Innersten der Häuser.[33]

Folgt man den ausgelegten Spuren des Schreckens und der Gewalt, dann verbindet sich Schillers Arbeit an einem neuen Tragödienkonzept mit der Reflexion auf das nachrevolutionäre Jahrzehnt.

Die *Braut von Messina* setzt mit der Krise einer Herrschergenealogie ein. Den alten Fürsten hat man gerade begraben, einen neuen aber noch nicht eingesetzt, weil nach dem Tod des Vaters ein alter Streit zwischen den beiden Söhnen aufgebrochen und zum Bürgerkrieg geworden ist.

Der Hof präsentiert sich als Ort einer nur mühsam ge-
bannten Gewalt, die allein durch die Angst vor einem es-
kalierenden Racheszenario zurückgehalten wird.[34] Die für
ihre Eingangsrede auf die Szene heraustretende Mutter,
Donna Isabella, gibt sich ratlos angesichts des wechselsei-
tigen Hasses ihrer Söhne. Sie habe doch beide gleich geliebt,
sagt sie, ebenso wie beide ihre Mutter lieben: »Und beide
weiß ich kindlich mir geneigt. / In diesem einzgen Triebe
sind sie eins, / In allem andern trennt sie blutger Streit.«
(V. 31–33). In diesem Rätsel steckt aber zugleich seine Lösung, denn indem sich die Söhne nur über die Liebe zu ihrer
Mutter einig sind, wird ihr Streit als inzestuöser Konflikt
lesbar. Die Brüder konkurrieren offenkundig um die Zu-
neigung der Mutter – darüber vereinigen und entzweien sie
sich gleichermaßen. Wenn Donna Isabella die feindlichen
Brüder zu Versöhnung statt zu Vergeltung aufruft, weil
»das Mein und Dein« der Schuld ohnehin »nicht mehr zu
sondern« sei (V. 396), dann teilt sie hier unbedachterwei-
se etwas mit, was sie selbst eigentlich gar nicht wissen will:
Es ist gerade die Ununterscheidbarkeit der Brüder, aus der
sich ihr antagonistisches Verhältnis speist.

Die Konkurrenz der Söhne entspringt nur vordergrün-
dig einer psychologisch deutbaren Familienkonstellation,
vielmehr verknüpft sie sich strukturell mit dem Problem
der Herrschergewalt. Wenn Donna Isabella ihre Söhne das
»Thebanische Paar« (V. 450) nennt, dann identifiziert sie
die beiden mit dem streitenden Brüderpaar Eteokles und
Polyneikes, den Söhnen des Ödipus. Der Verweis auf Eteokles und Polyneikes macht den Streit der Brüder als Streit
um die *tyrannis*, also die alleinige Herrschergewalt über die
Stadt, kenntlich. Allerdings wird die politische Dimension
in *Die Braut von Messina* nur implizit adressiert.[35] Weit
ausführlicher wird die Gewalt der brüderlichen Leiden-

schaften und Triebe beschrieben, die in die Nähe infektiöser Krankheiten rücken. Der Vater habe die Söhne »unter Eines Joches Eisenschwere« gehalten, und »mit strengem Machtgebot / Den rohen Ausbruch ihres wilden Triebs« »[ge]hemmt« (V. 37, 41 f.). Statt den Ursprung dieser gewaltsamen und gewalttätigen Affekte aufzusuchen, habe er sie nur an ihrer Ausbreitung gehindert: »Der Starke achtet es / Gering, die leise Quelle zu verstopfen, / Weil er dem Strome mächtig wehren kann.« (V. 44–46). Der wehrhafte Vater hat also die Symptome kontrolliert, ohne deren pathologischen Ursprung zu kurieren: »ungebessert in der tiefen Brust / Ließ er den *Haß*« (V. 43 f.). Hier liegt ein Versäumnis, das nun in einer fatalen Logik zurückschlägt. Sobald der Vater den Bruderhass der beiden nicht mehr zurückhält, bricht er sich umso heftiger seine Bahn. In der Metaphorik des Feuers und der unkontrollierten Entzündung – die »eingepreßte Glut« sei »[z]ur ofnen Flamme« geworden (V. 50 f.) – spricht der Text vom ansteckenden Charakter der Gewalt, die über die Familie hinausgegriffen und zur Staatskrise geführt hat.

Schiller folgt hier einer Symbolik wie auch einer Ereignisanordnung, die in Sophokles Tragödie *Oidipus Tyrannos* vorbildlich ins Werk gesetzt ist. Der Protagonist Oidipus, Regent über das von der Pest heimgesuchte Theben, gewinnt hier bekanntlich Einsicht in seine eigene Schuld: Er hatte, ohne es zu wissen, seinen Vater erschlagen und seine Mutter geheiratet. In seiner Lektüre des *Oidipus Tyrannos* hat René Girard die in Theben ausgebrochene Pest als Hinweis auf den ansteckenden Charakter einer Gewalt aller gegen alle gedeutet, die im Rahmen der aus dem Opferkult hervorgehenden Tragödie nur durch einen Stellvertretertod zu bannen sei. Daran knüpft Girard die Vermutung, dass eine durch Rechtsinstitutionen immunisierte Moderne für

diese Impflogik des religiösen Opferkults habe blind bleiben müssen.[36] Die Gewalt aller gegen alle entzündet sich an
dem, was Girard in diesem Zusammenhang mimetisches
Begehren nennt. Gemeint ist ein Begehren, das nur durch
die Tatsache angeregt wird, dass ein eigentlich geliebter anderer, sei es der Vater oder eben der Bruder, etwas hat, das
einem selbst fehlt. Die soziale Pest, als die sich das literarische Motiv der Seuche vom *Oidipus Tyrannos* über Boc-
caccios *Decamerone* bis zu Dostojewski und Camus lesen
lässt, deutet Girard als Symptom für den Kollaps von Rang-
unterschieden, in dem sich das mimetische Begehren Bahn
brechen kann.[37] Die Pest ist mithin auch eine Metapher für
den Zusammenbruch politischer Ordnungen.

Die inzestuös anmutende Liebe der Söhne zu ihrer
Mutter, die sie auch unter größter Anstrengung nicht in den
Raum des Exogamen zu verschieben vermögen, orientiert
sich am antiken Prätext. Auch die analytische Form des
Dramas, das mit der Enthüllung, dass die von beiden Söhnen ersatzweise geliebte Beatrice ihre im Verborgenen auf-
gezogene Schwester ist, auf die Katastrophe zusteuert, weist
auf dieses Vorbild zurück.[38] Die in der Liebe zur Mutter und
dem Hass aufeinander vereinten Brüder bieten ein hervor-
ragendes Beispiel für die von Girard beschriebene entfesselte soziale Gewalt wie auch für das initiale mimetische
Begehren, das jeden der beiden Söhne dazu bringt, das zu
wollen, was der andere hat oder begehrt. Und so kann es
auch durch die dazwischentretende Mutter gerade nicht
gestillt werden, sondern wird von ihr wider Willen weiter
angetrieben. Gerade die Mutter macht schließlich vom ersten Auftritt an deutlich, dass die extremen Leidenschaften
der Söhne nicht als private, sondern als politische Probleme
interessieren müssen. Den Handlungsbedarf begründet sie
entsprechend nicht psychologisch, sondern rein politisch.

Durch den Brüderkrieg, der zugleich ein Bürgerkrieg ist, werde die Stadt anfällig für Angriffe von außen, da man dem »Feinde« nur in bürgerlicher »Eintracht« Widerstand leisten könne (V. 64–66). Die Bedrohung der Stadt wendet die Rede des Chors zur Drohung an die Fürstin. Sollte sich die Herrscherfamilie als untauglich erweisen, die Stadt vor ihren Feinden zu beschützen, dann werde man sich einen neuen Herrscher suchen (V. 73). So verspricht Donna Isabella dem Chor der Ältesten die Versöhnung der Brüder, um dem Volk den Schutz eines starken Herrschers und ihrer Familie die Machtstellung zu sichern: Nur der ›Eine‹ Herrscher kann sich sein ›Recht‹ gegen die Beherrschten verschaffen und ihnen im Gegenzug Schutz gegen eine feindliche ›Welt‹ bieten. Wenn die Verdoppelung des einen Vaters in den beiden Brüdern zum Bürgerkrieg führt und den Staatskörper schutzlos zurücklässt, dann meldet das Drama der *feindlichen Brüder* Zweifel am Revolutionsmythos vom Volk einiger Brüder an, den Schiller im *Wilhelm Tell* selbst beschwört.[39] Im Rahmen der *Braut von Messina* vertieft Schiller offensichtlich die politische Analyse, die er in den Briefen *Über die ästhetische Erziehung* entwickelt hat. Übernimmt er auch die Lösung, die in den Briefen in der Metapher der Immunität impliziert wird?

Folgt man Girard, dann lässt sich die durch die Pest markierte Krise nur dadurch beenden, dass die reziproke Gewalt des einen Bruders gegen den anderen in die Gewalt des einen Herrschers über alle anderen transformiert wird. In diese Richtung weist zunächst auch die *Braut von Messina*. So fällt die Versöhnung der Brüder mit ihrer gemeinsamen Wendung gegen den Chor der Anhänger zusammen, mit dem sich der Antagonismus zwischen Gleichen für einen Moment in die Differenz zwischen Herrscher und Beherrschten verwandelt. Ihre Versöhnung

verkünden die Brüder in zwei Versen, die sich in ihrer
Abfolge zu einem harmonischen Satz fügen:

> DON CESAR: So will ich diese Bruderhand ergreifen –
> *er reicht ihm die Hand hin.*
> DON MANUEL: *ergreift sie lebhaft:*
> Die mir die nächste ist auf dieser Welt.
> *beide stehen Hand in Hand und betrachten einander eine Zeit-*
> *lang schweigend.*
> (FA/S V, 320)

Derart verbrüdert verständigen sie sich über die Nicht-
Aufteilung des gemeinsamen Erbes, da sie nun das Schloss
am Meer »gemeinsam brüderlich bewohnen« wollen und
»einig« und »vereinigt« (V. 518–523) leben wollen, statt
»ausschließend Eigentum« zu besitzen. Ihre Versöhnung
gelingt allerdings nur im Ausschluss ihrer jeweiligen Gefolge, denen sie flugs die Verantwortung an ihrem Zerwürf-
nis zuschieben: »[D]ie Diener tragen alle Schuld« (V. 489)
beschließen sie, sie selbst seien nur das »blinde Werkzeug
fremder Leidenschaft« (V. 496) gewesen. In der gemeinsamen Wendung der Brüder gegen ihr Gefolge steht das
Volk nun als Urheber der destruktiven Leidenschaften da.
Und ebenso einig, wie sich die Brüder im Hass aufeinander
waren, so einig sind sie sich nun bei der Schuldzuweisung
an ihre Untergebenen. Die brüderliche Versöhnung endet
mit einer Hassrede, die Don Cesar »*zu dem Chor gewen-
det*« spricht:

> Der Streit ist abgeschlossen zwischen mir
> Und dem geliebten Bruder! Den erklär ich
> für meinen Todfeind und Beleidiger,
> Und werd ihn hassen wie der Hölle Pforten,
> Der den erloschnen Funken unsers Streits
> Aufbläßt zu neuen Flammen –
> (V. 575–580)

Hier wurde unkontrollierte Bürgerkriegsgewalt in konzentrierte Herrschergewalt überführt. Dabei legt die Machtdemonstration den Mechanismus einer Herrschaft frei, die nicht zuletzt über die von anderen freigesetzten Affekte – die nun als »fremd« bezeichnete »Leidenschaft« – ausgeübt wird.[40] Diese Beherrschung der Leidenschaften und damit der Übergang von der Gewalt aller gegen alle in die Herrschergewalt von einem über alle anderen schlägt in der *Braut von Messina* jedoch fehl.

Der Bruderhass eskaliert erneut, als sich im Modus der tragischen Analysis herausstellt, dass sich das Begehren der Brüder schon längst auf ihre Schwester Beatrice gerichtet hat. Zur Rechtfertigung ihrer Liebe bieten die Protagonisten Tropen auf, in denen sich Affekt und Gewalt wiederum aufs engste berühren oder einander metaphorisch ersetzen. Don Manuel trifft Beatrice auf der Jagd nach einem Reh, das sich zu ihren »Füßen« rettet. Der Liebesblick tritt an die Stelle der Tötungsgeste: »Bewegungslos«, so erzählt Don Manuel, »starr ich das Wunder an, / Den Jagdspieß in der Hand, zum Wurf aushohlend« (V. 700 f.). Beatrice beschreibt sich als passives Objekt einer Bewegung, die sie »fortgeschleudert« (V. 995), »[e]rgriffen« (V. 1001) und »alle frühern Bande« »[z]errissen« (V. 1003) habe. Don Cesar spricht von der »Macht« (V. 1121), den »allmächtgen ZaubersBanden« und den »Kräften« (V. 1130 f.), womit ihn Beatrice bezwungen habe. An dieser Metaphorik ist interessant, dass die Brüder ihre Triebansprüche nicht nur *mit* Gewalt durchsetzen, sondern ihre leidenschaftlichen Antriebe selbst *als* Formen der Gewalt beschreiben. Davon ist allerdings auch Beatrice nicht ausgenommen, die ihre heimliche Anwesenheit bei dem Begräbnis des Fürsten, bei dem Don Cesar von seiner Liebe zu ihr wie von »heiliger Gewalt« (V. 1534) ergriffen wird, der Macht ihrer Triebe zuschreibt: »Die Begierde

war zu mächtig!« (V. 1889), erklärt sie Don Manuel, denn
es »trieb« sie »mit unbezwinglichem Gelüsten« (V. 1894).
Die nach dem Tod des Vaters losgebrochene Gewalt manifestiert sich nicht nur im Hass der Brüder aufeinander, sondern auch in der Liebe, mit der die Geschwister verbunden
und voneinander getrennt sind.

Mit der Gleichsetzung von Affekt und Gewalt legt der
Text eine Logik frei, die seine Protagonisten beharrlich
verkennen. Isabella rechtfertigt ihre Rettung der Tochter,
die der verstorbene Fürst wegen eines Warnungstraums
töten lassen wollte, durch ihren eigenen Traum, dessen gewalttätige Implikationen sie jedoch unterschlägt. In ihrem
Traum legen ein Adler und ein Löwe einem Kind ein gerade
gejagtes Reh und eine blutige Beute in den Schoß. Den Aus-
legungssatz des herbeigerufenen Mönchs, dass eine Tochter ihr »der Söhne streitende Gemüther / In heißer Liebesglut vereinen würde« (V. 1350 f.), deutet sich Isabella als
Aussicht auf eine Versöhnung der feindlichen Brüder. Die
Peripetie des Stücks, die mit Don Cesars Mord an seinem
Bruder die glückliche Versöhnung ins Unglück umschlagen
lässt, belegt aber gerade den blutigen Wortsinn des Traums.
Mit dem Bruder »in heißer Liebesglut« vereint – also genau genommen: wieder einmal entzweit – wird Don Cesar
mit dem Mord am Bruder zum Löwen, der »in dem blutgen
Rachen / frisch gejagte Beute« (V. 1338 f.) trägt. Der Brudermord, der auf der Bühne nur wenig später stattfindet,
beendet den Konflikt allerdings nicht, sondern treibt ihn
weiter voran. Während der Don Cesar zugeordnete Chor
den Tod Don Manuels bejubelt, besteht der erste Chor auf
»Rache! Rache! Der Mörder falle! falle! / Ein sühnend Opfer dem Gemordeten!« (V. 1909 f.) Statt die mimetische
Krise aufzuheben und die genealogische Ordnung zu befe-
stigen, vertieft der Brudermord den Zwiespalt ihrer Anhän-

ger. Die sich fortzeugende Gewalt scheint auf der Ebene der tragischen Handlung nicht stillzustellen zu sein. Tatsächlich delegiert Schiller diese Aufgabe an den Chor. Und erst hier deutet sich das an, was Schiller in den Briefen *Über die ästhetische Erziehung* als absolute Immunität der Kunst entworfen hatte.

IV. Der Chor als ›lebendige Mauer‹: Kollektiver Schutz

Schiller schickt seinem Stück in der ersten Druckfassung einen Text nach, den er *Über den Gebrauch des Chors in der Tragödie* überschreibt. Diese Beigabe scheint notwendig, da der Chor »in der Ökonomie des Trauerspiels als ein Außending, als ein fremdartiger Körper, und als ein Aufenthalt erschein[t], der nur den Gang der Handlung unterbricht, der die Täuschung stört, der den Zuschauer erkältet.«[41] Diesen Einwand macht Schiller im Verlauf des Textes produktiv, indem er ihn von einem Vorwurf in den entschiedenen Vorzug wendet. Der illusionsstörende und identifikationsverhindernde Chor bewährt sich in einer Tragödie, die den Zuschauer nicht so sehr involvieren, als vielmehr distanzieren will. Mit seiner Vorrede *Über den Gebrauch des Chors* hat sich Schiller weit mehr als nur die Verteidigung eines zweifelhaften dramaturgischen Mittels vorgenommen, denn er hofft, so schreibt er an Goethe, »der Sache, die uns gemeinsam wichtig ist, dadurch zu dienen«.[42] Tatsächlich befestigt Schillers Verteidigung des Chors insofern die Grenzen seines klassischen Projekts, als er zentrale Begriffe seiner theoretischen Schriften aufgreift und sie in einer Weise bündelt, die den Chor von einer dramaturgischen Begleiterscheinung zur zentralen Figur einer – in dem von

Schiller vorgeschlagenen Sinn – immunen und immunisie-
renden Kunst macht.

Indem der »fremdartige Körper« des Chors, so das
zunächst skizzierte Argument, den Zuschauer bei der Ein-
fühlung in die Protagonisten stört, kann er den Autonomie-
ästhetiker dabei unterstützen, »dem Naturalism in der
Kunst offen und ehrlich den Krieg zu erklären«.[43] Dieser
Krieg verläuft entlang der Frontlinie, die Schiller in den
Briefen *Über die ästhetische Erziehung* eröffnet hat, und
behauptet für die Kunst dieselbe poetische Schutzzone, die
dort die Rede von der »absoluten *Immunität*« der Kunst
errichtet.[44] So wie die ästhetische Erziehung das Reich
der Kunst gegen äußere Einflüsse sichern soll, so soll der
Chor »eine lebendige Mauer sein, die die Tragödie um sich
herumzieht, um sich von der wirklichen Welt rein abzu-
schließen, und sich ihren idealen Boden, ihre poetische
Freiheit zu bewahren.«[45] Der Chor steht im Dienst eines
Autonomieprogramms, in dem die Freiheit der Kunst von
Zwecken als Abschottung von äußeren Einflüssen imaginiert wird. Zugleich befreit der Chor das Ästhetische von
störenden Beimischungen: »Der Chor«, so hebt Schiller
ausdrücklich hervor, »*reinigt* also das tragische Gedicht«.[46]
Mit dem Konzept des Chors als produktiver Störung und
formaler Reinigung fügt Schiller seine Dramaturgie des
Chors in das Programm einer autonomen Ästhetik ein.

Dabei avanciert der Chor vom Produkt der poetischen
Imagination zum eigentlichen Generator des Poetischen: Er
sei ein »Kunstorgan, er hilft die Poesie *hervorbringen*«.[47]
Diese *poesis* des Poetischen leisten die Chorpassagen durch
eine Rede, die vom dramatischen Modus ins Register des
Lyrischen wechselt:

> so durchflicht und umgibt der tragische Dichter seine streng abge-
> messene Handlung und die festen Umrisse seiner handelnden Figuren
> mit einem lyrischen Prachtgewebe, in welchem sich, als wie in einem
> weitgefalteten Purpurgewand, die handelnden Personen frei und edel
> mit einer gehaltenen Würde und hoher Ruhe bewegen.[48]

Die vom Chor getragene Poetisierung macht das Drama zu
einer Kunstform, die ihre eigene Faktur wie einen Königs-
mantel ausstellt. Der prächtig gewebte Stoff der poetischen
Rede soll das Interesse der Zuschauer abfangen und auf den
Reiz der künstlerischen Form umlenken. Mit dem Übergang von der dramatischen Verkörperung zur lyrischen
Einkleidung verbindet sich also ein rezeptionsästhetischer
Paradigmenwechsel: Der Chor bricht das auf Identifikation
und Selbstverwechslung beruhende Interesse an den handelnden und leidenden Figuren und ersetzt es durch ein Interesse an der poetischen Textur.

Wie die Briefe *Über die ästhetische Erziehung* visiert
auch die Vorrede *Über den Gebrauch des Chors* eine thea-
tralische Propädeutik an, die sich ihr Publikum, das eigentlich immer noch »Erholung« statt »Anstrengung« verlangt
und das lieber »unterhalten und in Bewegung gesetzt sein«
will, erst noch zur Kunst erziehen muss. Der Chor soll den
Geschmack des Publikums veredeln helfen, indem er dessen
Lust am Dargestellten in die Lust an der Form der Darstellung überführt. Die *contradictio in adiectio* in »Ruhe bewegen«, mit der Schiller das Bild von der poetischen Beklei-
dung der Figuren schließt, enthält die zentrale Pointe seiner
Verteidigung des Chors. Indem sie die Vorstellung von einer Reinigung der Tragödie durch den Chor in ein affekt-
ökonomisches Modell übersetzt, bildet sie die ästhetische
Erziehung durch das Schöne auf die Tragödientheorie des
Pathetisch-Erhabenen ab. Die sich in Ruhe bewegenden
Figuren entsprechen einer idealen Rezeptionshaltung, die

Schiller als »Freiheit des Gemüts in dem lebendigen Spiel aller seiner Kräfte« beschreibt. Kunst ist, so betont Schiller im Anschluss an die Spielmetapher der ästhetischen Briefe, nicht nur Spiel, sondern »ernsthafter« zu behandeln, denn sie will den Zuschauer »verändert«[49] aus dem Theater entlassen. Statt lediglich zu vergnügen und für gelegentliche Zerstreuung zu sorgen, soll das Theater seine Zuschauer affektökonomisch schulen, um alles, was »als eine blinde Macht auf uns drückt, in eine objektive Ferne zu rücken, in ein freies Werk unsers Geistes zu verwandeln«.[50] In dieser Anleitung zur objektivierenden Distanzierung liegt das kathartische Potential des Chors: »Der Chor *reinigt* also das tragische Gedicht«.[51]

Die vordringliche Aufgabe des Chors besteht in einer Affekthygiene, die der vorsichtigen Vermeidung blinder Affekte dient:

> das Gemüt des Zuschauers soll auch in der heftigsten Passion seine Freiheit behalten, es soll kein Raum der Tragödie sein, sondern sich immer klar und heiter von den Rührungen scheiden, die es erleidet. Was das gemeine Urteil an dem Chor zu tadeln pflegt, daß er die Täuschung aufhebe, daß er die Gewalt der Affekte breche, das gereicht ihm zu seiner höchsten Empfehlung, denn eben diese blinde Gewalt der Affekte ist es, die der wahre Künstler vermeidet, diese Täuschung ist es, die er zu erregen verschmäht.[52]

Erst im Rahmen dieses ästhetischen Affektverzichts kann die Schwäche des Chors zu seiner Stärke werden, denn die abkühlende Verfremdung und reflexive Distanzierung des Affektgeschehens leistet nur demjenigen Dramatiker einen Dienst, der seine Zuschauer nicht heulend und mit den Zähnen klappernd, noch nicht einmal jammernd und schaudernd, sondern vielmehr »klar und heiter von den Rührungen« geschieden sehen will. Der zunächst als Fremdkörper empfundene Chor kann für Schiller deshalb zum heilsamen Antikörper gegen die Macht der Affekte werden.

Diese »wohltätige Wirkung der Kunst, welche in der Freiheit besteht,«[53] spielt Schiller auf zwei Ebenen durch. Die Gedankenfigur des distanzierenden Dazwischentretens hat ihre pragmatische Grundlage in der retardierenden Funktion der Chors, der die leidenschaftliche Rede der Figuren unterbricht und kommentiert: »Dadurch, daß der Chor die Teile auseinander hält, und zwischen die Passionen mit seiner beruhigenden Betrachtung tritt, gibt er uns unsre Freiheit zurück, die im Sturm der Affekte verloren gehen würde.«[54] Diese »Dazwischenkunft« schützt nicht nur die handelnden Figuren vor ihren Affekten, indem sie »Ausbrüche ihrer Leidenschaft« »bändigt« und die blind Agierenden zur »Besonnenheit« »motiviert«, sondern hilft auch dem Publikum, seine Ruhe zu bewahren.[55] Der Chor, der den handelnden Helden zur *sophrosyne* und das Publikum zur heiteren Apathie zu bringen vermag, bewegt also paradoxerweise zur Ruhe. Dieses Programm kompliziert Schiller allerdings bei der Arbeit an der *Braut von Messina*, denn der Chor tritt dort nicht nur klar unterscheidend zwischen Figur und Publikum, Affekt und Reflexion, sondern wird selbst in den Strudel der wechselnden Affekte hineingezogen.[56] So bemerkt Schiller in einem Brief an Körner,

> dass ich in ihm [dem Chor, C.Z.] einen doppelten Charakter darzustellen hatte, einen allgemein menschlichen nemlich, wenn er sich im Zustand der ruhigen Reflexion befindet, und einen specifischen wenn er in Leidenschaft geräth und zur handelnden Person wird. In der ersten Qualität ist er gleichsam außer dem Stück und bezieht sich also mehr auf den Zuschauer. Er hat, als solcher, eine Ueberlegenheit über die handelnden Personen, aber bloß diejenige, welche der ruhige über den paßionierten hat, er steht am sichern Ufer, wenn das Schiff mit den Wellen kämpft. In der zweiten Qualität, als

selbsthandelnde Person, soll er die ganze Blindheit, Beschränktheit, dumpfe Leidenschaftlichkeit der Masse darstellen, und so hilft er die Hauptfiguren herausheben.[57]

Der tragische Chor wechselt also die Positionen zwischen ruhigem, nur mittelbar betroffenem Zuschauer und passioniertem, affektiv involviertem Akteur. In der Doppelfunktion des Chors, die den Zuschauer zugleich passioniert und distanziert, die »Gewalt« der Affekte zugleich erregt und begrenzt, bildet sich die pathetisch-erhabene Dynamik von sinnlichem Eindruck und der Distanzierung dieses Eindrucks ab. Der widersprüchliche Wechsel zwischen Leidenschaftlichkeit und ruhiger Reflexion konkretisiert auch Schillers Metapher von der Tragödie als Inokulation aus dem Text *Über das Erhabene*: Der Chor kommuniziert den Zuschauern das »künstliche Unglück des Pathetischen«,[58] um sie zur inneren Distanzierung von dieser erlittenen Übermacht zu provozieren.

Künstlich ist dieses Unglück insofern, als sich die vom Chor mitgeteilten Gefühle medial vom Leiden der handelnden Figuren unterscheiden. Insofern der Chor selbst weder Verantwortlicher noch Opfer eines der Unglücksfälle auf offener Bühne wird, agiert er allein im poetischen Medium einer affektbelebten Sprache. Der Chor transformiert dargestelltes Leiden in pathetische Rede. Wenn es den Chorpassagen gelingen soll, »die ganze Sprache des Gedichts zu erheben und dadurch die sinnliche Gewalt des Ausdrucks überhaupt zu verstärken«, dann dient der Chor als rhetorischer Katalysator des Pathetisch-Erhabenen. Dass der Chor hiermit zum vorzüglichen Instrument der Immunisierungsästhetik aufsteigt, ist deutlich: Der Chor hilft, die poetische Welt von der alltäglichen abzugrenzen, er kann das sinnlich kontaminierte Interesse der Zuschauer an den Handlungselementen in die Lust an der reinen lyrischen

Textur transformieren, und er soll das Geschehen im reflektierenden Einspruch auf Distanz halten. An der *Braut von Messina* lässt sich sehen, wie Schiller mit der dramatischen Umsetzung seines ästhetischen Immunisierungsprogramms auch das tragische Wirkungsziel der Katharsis als Reinigung und Ausleitung extremer Affekte entscheidend umschreibt.

Zu Beginn des Stücks tritt der Chor als leidenschaftlich mitagierende »Menge« auf.[59] Dabei ist das prächtige »Purpurgewand«[60] des Chortexts wie von Blut durchzogen. Die im ersten großen Chorauftritt von beiden Chören zugleich gesprochenen Verse »Aber treff ich dich draußen im Freien, / Da mag der blutige Kampf sich erneuern« (V. 169 f.) imitieren den Streit der Brüder, die »sich blutig / Hassend bekämpfen« (V. 182 f.). Die Rede vom »kochenden Blute« (V. 149) und dem »blutgen Mantel / Der Schuld« (V. 1783 f.) wird als physische Konkretion derjenigen Affekte lesbar, die der Gewalt zum Ausbruch verhelfen. Der geteilte Chor spricht den Hass der Brüder aber nicht nur nach, sondern bringt ihn auch versuchsweise auf Distanz. Wenn *Einer aus dem Chor* bereits am Ende der Szene zu bedenken gibt, man habe sich »in des Kampfes Wut / Nicht besonnen und nicht berathen«, weil »das brausende Blut« sie »bethörte« (V. 194–196), dann wird der Affektautomatismus exponiert und für einen Moment unterbrochen. Im weiteren Verlauf des Stücks findet sich der Chor zunehmend in dieser distanzierten Position der Beobachtung und Kontemplation ein.

Im letzten Szenenbild wird die Stillstellung des leidenschaftlich Bewegten schließlich zur Losung des Chors, der sich gegen die affektbewegten Protagonisten durchzusetzen versucht. Der Chor spricht hier zwar immer noch in zwei getrennten Teilen, er spaltet sich aber nicht mehr in feindliche Lager, sondern teilt mehrere Stränge eines kulturellen Erbes

unter sich auf. Während der eine Chor den Klagegesang der
griechischen Tragödie zitiert und in pathetischen Partien
von entfesselten Flüchen und rasenden Furien spricht, hält
der andere Chor die Protagonisten mit stoischen Lebens-
lehren zur distanzierten Betrachtung des Geschehens an.
So kündigt der eine Teil des Chors dreimal den Eintritt der
Furien an: »Brechet auf ihr Wunden, / Fließet! Fließet! / In
schwarzen Güssen / Stürzet hervor ihr Bäche des Bluts.«
(V. 2411–2414) Die Anrufung an die Erinyen mitsamt den
archaisch anmutenden Bildern von aufbrechenden Wunden, zischenden Schlangen und fließendem Blut ist eine
poetisierte Version von Wilhelm von Humboldts Übersetzung der *Eumeniden*, die Schiller schon in den *Kranichen
des Ibycus* zur Darstellung der richtenden und rächenden
Erinyen verwendet hat.[61] Dem in schwarzen Güssen her-
vorstürzenden Blut gilt aber keineswegs das letzte Wort des
Chors. Vielmehr tritt er zuletzt als Instanz auf, die Wunden
nicht aufbrechen lassen, sondern schließen möchte.

Als Donna Isabella zunächst nur ihre wiedergefundene
Tochter vorgeführt wird, richtet sie sich an die »undurch-
dringlich harte[n] Herzen« (V. 2197) des vereint spre-
chenden Chors und verlangt von ihnen Empathie und An-
teilnahme. Ihre Freude schlägt ihr allerdings vom »ehrnen
Harnisch« der Chorleute wie von einem »schroffen Meeres-
felsen« zurück (V. 2198 f.). Der Chor wehrt die Gefühle der
Mutter ab, um sie zu einer ebenso distanzierten Aufnahme
des eigenen Schicksals anzuleiten und mit dem Aufruf zur
erhabenen Rezeption auf den Tod des Sohns vorzubereiten:
»Sei stark Gebieterin, stähle dein Herz« (V. 2261). Gemäß
Schillers eigener Beschreibung tritt der Chor hier »zwischen
die Passionen mit seiner beruhigenden Betrachtung«[62] und
bezieht eine moralistisch gefestigte Gegenposition zu den
Gefühlsschwankungen der Protagonistin. Damit bietet der

Text ein neues Modell des tragischen Wirkungsziels an. Wenn an die Stelle der ausleitenden und erleichternden Funktion einer kathartischen Reinigung die Bilder vom ›schroffen Felsen‹, von der ›geharnischten Brust‹ und vom ›gestählten Herzen‹ treten, dann soll der Chor die bewegten Affekte nicht steigern, sondern abwehren.

Dass Schiller in diese Schlussfügung auch einen metadramatischen Kommentar zur Frage der tragischen Katharsis als Reinigung eingeflochten hat, lässt sich aus Don Cesars letztem Monolog heraushören. Don Cesar entschließt sich, den Mord am Bruder an sich selbst zu rächen und erklärt seinen Suizid zum Sühneopfer, das er dem Bruder nicht vorenthalten dürfe. Die Rede ist hier von einer Reinigung, die im rituellen Kontext der Sühne steht. Allerdings trifft die Rede vom reinigenden Tod weniger auf Don Cesar, als vielmehr auf Don Manuel zu. Der meist als Beleg für Don Cesars erhabenen Freitod gelesene Vers »Der Tod hat eine reinigende Kraft« (V. 2731) bezieht sich auf den bereits gereinigten Don Manuel, der dem überlebenden Don Cesar immer überlegen sein wird: »Weit wie die Sterne abstehn von der Erde, / Wird Er erhaben stehen über mir« (V. 2736 f.). Indem Don Cesar die Rede vom Reinigen auf den toten Bruder bezieht, verlängert er die Brüderkonkurrenz noch über den Tod hinaus in ein kompetitives Reinigungsszenario. Der durch den gewaltsamen Tod geläuterte Bruder ist so erhaben, wie Don Cesar es nie sein wird – zumal sein Suizid moralisch fragwürdig bleibt. Und so kann Don Cesars Selbstmord weder reinigen noch schützen. Sein Tod stiftet keine Ordnung, in der das entbundene Gewaltpotential auf einen Herrscher gebündelt und damit gebannt wäre. Wie das Bühnenrequisit des offenen Grabs vor Augen führt, wird die vom Tod des Königs gerissene Lücke nicht geschlossen: Während »des Grabes Mund / Geöfnet blieb«

(V. 2610 f.), bleibt das ordnungsstiftende Machtwort unge-
sprochen.[63] Das politische Ende der Familie wird zuletzt allein von einem moralischen »Trost« pariert, der die »Seele
stärken« soll (V. 2760). An die Stelle der starken Herrschaft
tritt ein moralisches Stärkungsmittel.

Dieses Ende hat tragödienpoetische Konsequenzen.
Indem sich der Chor zuletzt von den zerstrittenen Ge-
folgsleuten in distanzierte Beobachter verwandelt und die
Affektdemonstrationen der Figuren nicht mit Empathie,
sondern vielmehr mit stoischer Apathie quittiert, ist die
tragische Katharsis in einer neuen Art der Affekthygiene
fundiert. Die Tragödie begreift ihre reinigende Wirkung
nicht mehr als Erschütterung, Mobilisierung und Ausleitung von Affekten, sondern als ein Abstandstandnehmen
vom Affektgeschehen. Reinigung heißt so viel wie »rein-
liche Scheidung« und Distanzierung des Vernunftsubjekts
von seinen eigenen oder den Affekten anderer. Während
Don Cesar von einem Leidenschaftsausbruch in den anderen stolpert, schaltet sich der Chor mit einem schein-
bar völlig unpassenden Preis der Gemütsruhe ein. Diese
Freiheit von Affekten wird vom Chor in eine Bilderfolge
gebracht, die vom unschuldigen Naturzustand zum Exil in
der reinen Bergluft reicht:

> Wohl dem! Selig muß ich ihn preisen,
> Der in der Stille der ländlichen Flur,
> Fern von des Lebens verworrenen Kreisen,
> Kindlich liegt an der Brust der Natur.
> [...]
> Und die Wünsche, die ewig begehren
> Eingeschläfert in ruhiger Brust,
> Ihn ergreift in dem Lebensgewühle
> Nicht der Leidenschaft wilde Gewalt,
> [...]
> Wie die Pest die erhabenen Orte fliehet,
> Dem Qualm der Städte wälzt es sich nach,

Auf den Bergen ist Freiheit! Der Hauch der Grüfte
Steigt nicht hinauf in die reinen Lüfte,
[...].
(V. 2562–2588)

Der topographisch erhobene Berg, der in den Vorstellungs-
bereich des erhabenen Seelenaufschwungs gehört, wird als
seuchenfreie Zone der Reinheit imaginiert. Denn im Gegensatz zur Pest, die in den Niederungen des Lebens als »der
Leidenschaft wilde Gewalt« zu toben pflegt, präsentiert sich
die Höhe des Bergs als Ort, der sowohl gegen das Leiden als
auch gegen gewalttätige Leidenschaften immun ist. Diese
Wendung zur erhabenen Reinheit und Unempfindlichkeit
macht der Chor als moderierende Instanz, die zwischen Publikum und Geschehen tritt, mustergültig vor. Zwar vermögen die agierenden tragischen Helden ihm kaum zu folgen –
aber womöglich soll der Chor ja auch nur die Zuschauenden
zur Erhebung über die Pest der Affekte anleiten. Sie sollen
angesichts der extremen Affekte des Protagonisten zu einer
Gemütsfreiheit finden, die nach dem medizinischen Modell
einer *immunia ab contagio*, einer Freiheit von etwas, konzipiert ist.

Wenn sich der Chor angesichts des selbstentleibten Helden in den letzten Versen des Stücks unschlüssig zeigt, ob er
»[b]ejammern oder preisen soll sein Los« (V. 2836), dann
sind zuletzt die beiden großen dramaturgischen Lösungen
des 18. Jahrhunderts angesprochen. Der Chor benennt
einerseits den tragischen Wirkungsaffekt des *eleos*, das vor
Lessing noch nicht mit Mitleid, sondern mit Jammern übersetzt wurde und das bekanntlich im Zentrum seiner Poetik
des bürgerlichen Trauerspiels steht. Andererseits führt der
Chor die Bewunderungsästhetik ins Feld, die in Gottscheds
Critischer Dichtkunst eine zentrale Rolle spielt. Ausgespart
bleibt jedoch der Schrecken, der in Schillers Neuausrich-

tung des Tragödienziels offenbar keinen Ort hat. In dieser
Ausblendung des Schreckens liegt der Zeitindex des Stücks.
Wie der Romanist Helmut Keßler für die Tragödie der französischen Aufklärung gezeigt hat, wandelt sich die Tragödie
im Verlauf des 18. Jahrhunderts zum *genre terrible*, das
auf die Darstellung von Schreckenstaten nicht mehr hinter,
sondern auf der Bühne und zur schonungslosen Erregung
des Schreckens bei den Zuschauern verpflichtet wird. Hier,
so Keßler, knüpfen nicht nur die Theoretiker der französischen Revolution, sondern auch die Ingenieure und Cho-
reographen ihrer Tötungsmaschinen an.[64]

Nicht zuletzt aufgrund der Zeiterfahrung der 1790er
Jahre scheint Schiller die Erregung des tragischen Schreckens nicht mehr für heilsam zu halten: Zwischen Mitleid
und Bewunderung scheidet er als Affektwirkung aus. Allerdings hat Schreckliches in dem Stück sehr wohl seinen
Ort. Nicht nur finden gemäß des *genre terrible* sowohl
der Brudermord an Don Manuel als auch der Selbstmord
Don Cesars auf offener Bühne statt. Angestachelt wurden
diese Taten auch von den Reden der jeweiligen Gefolge,
deren Gewaltphantasien sich in der metonymischen Reihe vom kochenden Blut, blutigen Haß und blutigen Streit
bis zur blutigen Tat und dem von den Furien geforderten
fließenden Blut durch das Stück ziehen. So gelesen bringt
Schiller in der *Braut von Messina* in den ersten Auftritten
die schreckenerregende Volksmasse auf die Bühne, die mit
der Französischen Revolution die Bühne der Geschichte be-
treten hat. Vor diesem Hintergrund gewinnt die im Stück
vollzogene Verwandlung des Chors vom mitagierenden
Volk zum Double des Zuschauers, sowie seine Transfor-
mation vom zerstrittenen Brüdergefolge in eine »lebendige
Mauer«, nicht nur ihre dramaturgische, sondern insbesondere auch ihre politische Bedeutung. Soll der Staat nicht aus

feindlichen, sondern aus einigen Brüdern bestehen, dann muss sich jeder, wie vom Chor vorgeführt, von der blutigen Gewalt der Affekte distanzieren. Politisch brisant ist dies, weil an die Stelle des einen Herrschers, die mit zwei offenen Gräbern und einem weiteren Toten unbesetzt bleibt, die affektökonomische Selbstbeherrschung der Einzelnen getreten ist.

Dramaturgisch interessant ist, dass diese Aufhebung des Schreckens exakt dem Prinzip der Impfung folgt. Sie verfährt nicht durch den rigiden Ausschluss, sondern vielmehr durch den kontrollierten Einschluss des Kontaminierenden mit dem Ziel seiner Neutralisierung. Das Programm einer Kunstautonomie lässt sich vor diesem Hintergrund nicht mehr als Eskapismus deuten, als Fluchtbewegung also, mit der die enttäuschenden Mängel der Gegenwart in der Kunst kompensiert werden sollen. Autonome als immune und zugleich immunisierende Kunst steht vielmehr im Zeichen einer Prävention, die durch den gezielten Einsatz starker und schmerzhafter Affekte moralisch souveräne Subjekte formieren und auf den Staat der Freiheit vorbereiten soll. Die einem medizinischen Verfahren nachgeformte Poetik der Immunität zielt also auf eine Politik, die sich erst auf der Grundlage einer Freiheit (*immunia*) von destruktiven Leidenschaften und den damit einhergehenden Gewaltexzessen realisieren kann.

Anmerkungen

1   Friedrich Schiller: *Über die ästhetische Erziehung des Menschen in einer Reihe von Briefen*. FA 8, 556–676, hier 583.

2   Zedlers *Universallexicon* kennt die »Immunität« nur in der Bedeutung der »Kirchen-Freiheit«, die politisch Verfolgten von der Kirche gewährt werden kann, oder aber die Freiheit von Steuern und Abgaben, die die Kirche ihrerseits genießt. Johann Heinrich Zedler: Großes vollständiges Universallexicon aller Wissenschaften und Künste. 64 Bde. Halle/Leipzig 1732–1754, s. v. Immunität, Bd. 14, Sp. 592). Noch bis ins 19. Jahrhundert hinein erreicht die medizinische Immunität keinen lexikalischen Begriffsstatus: Adelung, Campe und Ersch/Gruber bis zu Grimm führen zwar das Lemma »Impfung«, nicht aber »immun«. Über die politische Provenienz des Autonomiebegriffs war man sich in der Schillerforschung lange einig. Bernd Bräutigam: Konstitution und Destruktion ästhetischer Autonomie im Zeichen des Kompensationsverdachts. In: (Wolfgang Wittkowski (Hrsg.): Revolution und Autonomie. Deutsche Autonomieästhetik im Zeitalter der Französischen Revolution. Tübingen 1990, S. 244–263; in diesem Band auch: Dieter Borchmeyer: Ästhetische und politische Autonomie. Schillers *Ästhetische Briefe* im Gegenlicht der Französischen Revolution, S. 278–290.

3   Schiller: *Über die ästhetische Erziehung des Menschen*. FA 8, 584 und 583.

4   Ebd., S. 568 f.

5   Friedrich Schiller: *Versuch über den Zusammenhang der tierischen Natur des Menschen mit seiner geistigen*. FA 8, 119–163, hier 140.

6   Das Wort *immunia* wird im Titel des für die europäische Impfpraxis entscheidenden Textes gebraucht: Jacob Pylarini: Nova et tuta variola excitandi per transplantationem methodus; nuper inventa et in usum tracta: qua rite peracta immunia in posterum praeservantur ab hujusmodi contagio corpora [Venedig 1715]. Wiederabgedruckt in: Philosophical Transactions xxix (1716), S. 393–399. Dabei bleibt die Formulierung des Freiseins *vom* Kontagium statt der heute geläufigen Vorstellung von einer Immunität *gegen* etwas bis ins frühe 20. Jahrhundert hinein verbindlich. Im klinischen Lexikon von Dornblüth von 1927 wird ›Immunität‹ lediglich als »Freisein, Unempfänglichkeit (oder geringere Empfänglichkeit) für eine bestimmte Krankheit« bestimmt. Otto Dornblüth: Klinisches Wörterbuch, s. v. Immunität, abrufbar auf: www.textlog.de/klinisches.html; aufgerufen am 31.5.2021. Die heute geläufigen Formulierungen vom »Schutz

vor«, der »Resistenz gegen« respektive »Abwehrmechanismen« finden sich erst im Nachfolgelexikon: Pschyrembel. Klinisches Wörterbuch. Bearbeitet unter der Leitung von Helmut Hildebrandt. 257. neu bearbeitete Aufl. Berlin 1994, s. v. Immunität, S. 709.

7   Friedrich Schiller: *Über das Erhabene*. FA 8, 822–840, hier 837.

8   Zedler: Großes vollständiges Universallexicon aller Wissenschaften und Künste (Anm. 2), s. v. Blatter-Belzen, Bd. 4, Sp. 94.

9   Vgl. zum Folgenden: Claudia Huerkamp: The History of Smallpox-Vaccination in Germany. A First Step in Medicalization of the General Public. In: Journal of Contemporary History 20 (1985), S. 617–635. Eine gute Einführung bieten auch die entsprechenden Kapitel in Manfred Vasold: Pest, Not und schwere Plagen. Seuchen und Epidemien vom Mittelalter bis heute. München 1991 sowie Stefan Winkle: Geißeln der Menschheit: Kulturgeschichte der Seuchen. 3., verbesserte und erweiterte Aufl. Düsseldorf [1997] 2005.

10 In der *Encyclopédie* beklagt man sich über die Dummheit der Regierungen, die sich der Methode der Impfung nicht bedienen. (Vgl. Encyclopédie, ou Dictionnaire raisonné des sciences, des art et des métiers. Hrsg. von Jean d'Alembert und Denis Diderot. 17 Textbände. Paris/Neuchatel 1751–1765, s. v. population, Bd. 13, S. 90).

11 Zedler: Großes vollständiges Universallexicon aller Wissenschaften und Künste (Anm. 2), s. v. Pocken (Okulieren der), Bd. 28, Sp. 915.

12 Immanuel Kant: Metaphysik der Sitten. In: Ders.: Werkausgabe. Hrsg. von Wilhelm Weischedel. 12 Bde. Frankfurt am Main 1968, Bd. 8, S. 556.

13 Ebd., S. 554.

14 Ebd., S. 556.

15 Immanuel Kant: Opus Postumum. In: Ders.: Gesammelte Schriften. Akademie-Ausgabe. Hrsg. von der Königlich-Preussischen Akademie der Wissenschaften zu Berlin. 23 Bde. Berlin 1902 ff., Bd. 22, S. 296–298 und S. 302–304.

16 Ebd., S. 302.

17 Ebd., S. 303.

18 Zu Junckers Aufruf vom Januar 1799 vgl. Andreas-Holger Maehle: Conflicting Attitudes Towards Inoculation in Enlightenment Germany. In: Roy Porter (Hrsg.): Medicine in the Enlightenment. Amsterdam/Atlanta 1994, S. 198–222, hier S. 119.

19 Christian Wilhelm Juncker: Archiv der Aerzte und Seelsorger wider die Pockennoth. 3 Bde. Halle 1796–1798, Bd. 2, S. 220.

20 Zur Rolle von Edward Jenner: Tim Fulford und Debbie Lee: The Jenneration of Disease. Vaccination, Romanticism and Revolution. In: Studies in Romanticism 39 (2000), S. 139–63.

21　Für eine Seuchengeschichte des 19. Jahrhunderts sei hier auf die außerordentlich lesenswerte vierbändige Studie und Materialsammlung von Olaf Briese verwiesen: Olaf Briese: Angst in den Zeiten der Cholera. 4 Bde. Berlin 2003.

22　Johann Peter Frank: System einer vollständigen medicinischen Policey. 7 Bde. 1784–1817, Bd. 4. Mannheim 1788, S. 5. Vgl. auch: Christian Barthel: Medicinische Polizey und medizinische Aufklärung. Aspekte des Gesundheitsdiskurses im 18. Jahrhundert. Frankfurt am Main/New York 1989.

23　Michel Foucault: Geschichte der Gouvernementalität. Vorlesungen am Collège de France. Hrsg. von Michel Sennelart. Frankfurt am Main. 2004, Bd. 1, S. 25. Die Erhebung von Infektions- und Sterberaten sollte den Verantwortlichen helfen, Seuchenzüge besser zu verstehen und künftigen Ausbrüchen zuvorkommen zu können.

24　Johann Peter Süßmilch: Gedancken von den epidemischen Krankheiten und dem grösseren Sterben des 1757ten Jahres. Berlin 1758. Nachdruck in: Herwig Birk (Hrsg.): Ursprünge der Demographie in Deutschland. Leben und Werk Johann Peter Süßmilchs (1707–1767). Frankfurt am Main/New York 1986, S. 22.

25　Christoph Wilhelm Hufeland: Bemerkungen über die natürlichen und geimpften Blattern zu Weimar im Jahr 1788, Nebst einem Anhang über die wesentlichen Vorzüge der Inoculation und einige andere Kinderkrankheiten. 2. Aufl. Leipzig [1789] 1793.

26　Zum Einsatz der Statistik im strenggenommen vorstatistischen Zeitalter: Ian Hacking: The Taming of Chance. Cambridge 1990.

27　Hufeland: Bemerkungen über die natürlichen und geimpften Blattern (Anm. 25), unpag. Vorrede.

28　Foucault: Geschichte der Gouvernementalität (Anm. 23), Bd. 1, S. 25.

29　Niklas Luhmann: Soziale Systeme. Grundriß einer allgemeinen Theorie. Frankfurt am Main 1984, S. 507. Autopoietische Systeme, so Luhmann, beruhen auf der Destabilisierung durch Störung, wie sie im Prinzip der Impfung paradigmatisch hervortritt. Im Modell der Immunisierung lässt sich auf diese Weise die Funktion von Widersprüchen in sozialen Systemen beschreiben.

30　Roberto Esposito: Immunitas. Schutz und Negation des Lebens. Übers. von Sabine Schulz. Berlin 2004, S. 8.

31　»Eine Gesellschaft, die im ständigen Ausnahmezustand lebt, kann keine freie Gesellschaft sein. Wir leben in der Tat in einer Gesellschaft, die die Freiheit zugunsten der sogenannten Sicherheitsgründe geopfert und sich selber dazu verurteilt hat, in einem ständigen Angst- und Unsicherheitszustand zu leben.« (Giorgio Agamben: Nach Corona: Wir sind nurmehr das nackte Leben. Übers. von René Scheu.

In: NZZ vom 18.3.2020, https://www.nzz.ch/feuilleton/giorgio-agamben-ueber-das-coronavirus-wie-es-unsere-gesellschaft-veraendert-ld.1547093; aufgerufen am 1.6.2021).

32 So meine bereits an anderer Stelle entwickelte These: Cornelia Zumbusch: Die Immunität der Klassik. Berlin 2011. Die Argumentation greife ich hier mit kleinen Neuakzentuierungen noch einmal auf.

33 Zit. nach Oskar Fambach: Ein Jahrhundert deutscher Literaturkritik (1750–1780), Bd. 2: Schiller und sein Kreis in der Kritik ihrer Zeit. Berlin 1957, S. 288.

34 Der Waffenstillstand am Beginn des Stücks wird durch die von der Rachegöttin beherrschte Kette von Gewalt und Gegengewalt begründet: »Aber mich schreckt die *Eumenide,* / Die Beschirmerin dieses Orts«. (Friedrich Schiller: *Die Braut von Messina oder Die feindlichen Brüder. Ein Trauerspiel mit Chören.* FA 5, 279–384, hier 300, V. 152 f. Im Folgenden sind nur die Verszahlen in Klammern genannt, da Schiller in antikisierendem Gestus auf die Einteilung in Akte und Auftritte verzichtet).

35 Schiller übersetzt 1788 die *Phönizierinnen* des Euripides, die vom Krieg der beiden Söhne des Ödipus um die Stadt Theben handelt. Das griechische Wort *tyrannis,* also die alleinige Herrschergewalt, gibt Schiller hier mit dem Wort »Gewalt« wieder. So kehrt Polyneikes mit einem Heer nach Theben zurück, um »Die höchste der Göttinnen, die Gewalt / mir zu erringen« (FA 1, 370, V. 521 f.). Gewalt als monopolisierte Herrschergewalt, die der einzelne an sich zu reißen versucht, und regellose Gewalt aller gegen alle sind damit in der Lexik des Textes ununterscheidbar geworden.

36 Auch den Modernen werde es nicht »gelingen, den Erreger jener Pest zu identifizieren, die die Gewalt darstellt« und dies umso mehr, »weil sie bisher in bezug auf deren virulenteste Formen einen sicherlich geheimnisvollen Schutz genossen hat, eine Immunität, die offensichtlich nicht ihr Werk ist, aber deren Werk sie selbst sein könnte.« (René Girard: Das Heilige und die Gewalt. Übers. von Elisabeth Mainberger-Ruh. Frankfurt am Main 1994, S. 54).

37 René Girard: Die Pest in Literatur und Mythos. In: Ders.: Die verkannte Stimme des Realen. München/Wien 2005, S. 152–179, hier S. 159.

38 Auf Schillers Orientierung an der analytischen Form der antiken Tragödie, wie sie in Sophokles' *Oedipus* vorbildlich vorgeführt ist, hat schon Wolfgang Schadewaldt hingewiesen (vgl. Wolfgang Schadewaldt: Antikes und Modernes in Schillers *Braut von Messina.* In: JDSG 13 (1969), S. 286–307). Zum Problem der Adaption antiker Form vgl. auch Jennifer Driscoll Colosimo: The rhetoric of passivity

and the challenge of modernity in Schiller's *Die Braut von Messina*.
In: German studies review 30/3 (2007), S. 611–631; Kristina Wiet-
haup: Ein fünfter Chor für die ›wahre‹ Kunst? Die Chöre in Schillers
Braut von Messina und die Geburt einer neuen Tragödiengattung. In:
Wirkendes Wort 56/3 (2006), S. 357–385; Günther Oesterle: Friedrich Schiller: Die Braut von Messina. Radikaler Formrückgriff angesichts eines modernen kulturellen Synkretismus oder fatale Folgen
kleiner Geheimnisse. In: Paolo Chiarini und Walter Hinderer (Hrsg.):
Schiller und die Antike. Würzburg 2008, S. 167–176.

39 Matthias Buschmeier hat auf die »Unauflösbarkeit des Zusammen-
hangs von Mythos, Gewalt und einem genealogischen Politikver-
ständnis« hingewiesen, die mit »Schillers enttäuschter Hoffnung in
die Französische Revolution« und der Einsicht zu tun habe, »dass
selbst die demokratische Politik offenbar zwanghaft der archaischen
Vergeltungsmechanik weiter folgt.« (Matthias Buschmeier: Familien-
Ordnung am Ende der Weimarer Klassik. Zum Verhältnis von Ge-
nealogie, Politik und Poetik in Schillers *Die Braut von Messina* und
Goethes *Die natürliche Tochter*. In: DVjS 82/1 (2008), S. 26–57, hier
S. 31 und 35). *Die Braut von Messina* bildet so die Voraussetzung für
die von Albrecht Koschorke beschriebene kritische Wiederaneignung
von Verbrüderungstraum und republikanischer Utopie, die er in der
erst 1803 umgeschriebenen Zeile der Ode *An die Freude* und der da-
nach verfassten Revolutionsidylle des *Wilhelm Tell* betreibt (vgl. Albrecht Koschorke: Das Drama der politischen Inklusion in Schillers
Tell. In: Uwe Hebekus u.a. (Hrsg.): Das Politische. Figurenlehre des
sozialen Körpers nach der Romantik. München 2003, S. 106–122).
Zum Gemeingefühl im Kontext politischer Affekte vgl. Sarah Goeth:
Herzensgemeinschaft. Der ›sensus communis‹ bei Schiller. In: Philipp
Ekardt, Frank Fehrenbach und Cornelia Zumbusch (Hrsg.): Politische
Emotionen in den Künsten. Berlin/Boston 2021, S. 57–74.

40 Die strategische Erregung von Hass als Kennzeichen charismatischer
Herrschaft hat Carolin Rocks an Kleists Dramen diskutiert (Carolin
Rocks: Wärmen, glühen, verbrennen. Schiller und Kleist über die
Thermodynamik charismatischer Affizierung. In: Philipp Ekardt,
Frank Fehrenbach und Cornelia Zumbusch (Hrsg.): Politische Emoti-
onen in den Künsten. Berlin/Boston 2021, S. 75–94).

41 Schiller: *Über den Gebrauch des Chors*. FA 5, 281.

42 Schiller an Goethe, 24.5.1803. FA 12, 660.

43 Schiller: *Über den Gebrauch des Chors*. FA 5, 285.

44 Schiller: *Über die ästhetische Erziehung des Menschen*. FA 8, 583.

45 Schiller: *Über den Gebrauch des Chors*. FA 5, 285.

46 Ebd., 288.

47 Ebd., 286.
48 Ebd., 287.
49 Ebd., 282.
50 Ebd., 283.
51 Ebd., 288.
52 Ebd., 289.
53 Ebd., 283.
54 Ebd., 289.
55 Ebd., 290.
56 Die Frage, ob Schillers Einsatz des Chors in der *Braut von Messina* seinem poetologischen Anspruch gerecht wird, hat man durchaus kontrovers diskutiert. Zur Kritik an Schillers Chor vgl. Rolf-Peter Janz: Antike und Moderne in Schillers *Braut von Messina*. In: Wilfried Barner u.a. (Hrsg.): Unser Commercium. Goethes und Schillers Literaturpolitik. Stuttgart 1984, S. 329–349, hier S. 342 und S. 346; Gert Vonhoff: Der Geschichte eine Form. Schillers *Braut von Messina*. In: Thomas Althaus (Hrsg.): Interpretationen zur neueren deutschen Literaturgeschichte. Münster 1994, S. 71–99; Joachim Müller: Choreographische Strategie. Zur Funktion der Chöre in Schillers Tragödie *Die Braut von Messina*. In: Helmut Brandt (Hrsg.): Friedrich Schiller – Angebot und Diskurs. Zugänge, Dichtung, Zeitgenossenschaft. Berlin 1987, S. 431–448; Anton Sergl: Das Problem des Chors im deutschen Klassizismus. Schillers Verständnis der *Iphigenie auf Tauris* und seine *Braut von Messina*. In: JDSG 42 (1998), S. 165–194.
57 Schiller an Körner, 10.3.1803. FA 12, 649.
58 Schiller: *Über das Erhabene*. FA 8, 837.
59 Schiller: *Über den Gebrauch des Chors*. FA 5, 290.
60 Ebd., 287.
61 Vgl. Schiller: *Die Kraniche des Ibycus*. FA 1, 94 und 95 sowie 907 (Kommentar).
62 Schiller: *Über den Gebrauch des Chors*. FA 5, 289.
63 Damit gilt, was Juliane Vogel an der *Maria Stuart* gezeigt hat: »Jene Position des klassischen Dramas, die durch einen entscheidungsmächtigen Herrscher zu besetzen und durch eine mitunter tödliche *auctoritas* zu begründen wäre, bleibt in Schillers Drama unbesetzt.« (Juliane Vogel: Die Furie und das Gesetz. Zur Dramaturgie der ›großen Szene‹ in der Tragödie des 19. Jahrhunderts. Freiburg im Breisgau 2002, S. 233).
64 Helmut Keßler: Terreur. Ideologie und Nomenklatur der revolutionären Gewaltanwendung in Frankreich von 1770 bis 1794. München 1973, S. 158.

Abbildungen

Abb. 1: The Wellcome Library. London
(https://commons.wikimedia.org/wiki/File:Louis_L%C3%A9o
pold_Boilly_-_L%27innoculation.jpg; aufgerufen am 4.6.2021).
Abb. 2: Wellcome Foundation (https://commons.wikimedia.org/wiki/
File:Inoculation_day_16.png; aufgerufen am 4.6.2021).
Abb. 3: Privatsammlung (https://commons.wikimedia.org/wiki/File:-
Edward_Jenner.jpg; aufgerufen am 4.6.2021).
Abb. 4: https://digital.lb-oldenburg.de/sb/content/pageview/2804 (auf-
gerufen am 4.6.2021).

WOLFGANG RIEDEL

Wie zu sterben sei

Zur *meditatio mortis* bei Schiller

Schiller starb am 9. Mai 1805, mit nur fünfundvierzig Jahren, an den Folgen wiederkehrend-wandernder, immer weiter ausgreifender eitriger Schwerstentzündungen im Brust- und Bauchraum. Damals weder medikamentös noch operativ behandelbar, waren sie nach einem ersten Ausbruch Anfang 1791 chronisch geworden und traten, von Linderungsphasen unterbrochen, in obstruktiven Schüben auf, die am Ende fast alle inneren Organe zerstört hatten. Schwere Symptome wie hohes Fieber und Schüttelfrost, Atemnot und Erstickungsanfälle, Hustenkrämpfe und Blutspucken, akuter Pulsabfall und Ohnmachten, und am Ende schwere Darmfunktionsstörungen (Darmverschlingung?) ließen keinen Zweifel an bestehender Todesgefahr. Als latente, aber immer wieder auch akute Bedrohung überschattete sie jene fast fünfzehn Jahre, das gesamte letzte Drittel von Schillers Lebenszeit.[1]

Es war dies eine Phase höchster Produktivität: In den 1790er Jahren entstanden die theoretischen Abhandlungen, danach die ›klassischen‹ Dramen, dazu Gedichte, Briefe, Zeitschriften und anderes mehr – ein Riesenwerk, noch dazu von höchstem Rang, dessen Vollendung unter diesen gesundheitlichen Einschränkungen seit jeher Staunen und Bewunderung erregte. In einem Brief an Körner vom 10. Dezember 1793 deutet Schiller die innere Extremspan-

nung, der er sich ausgesetzt sah: Gegen den Druck des
»hartnäckigen Übel[s]«, das ihn über kurz oder lang zu
»überwältigen« drohe, könne er sich nur mit seiner »ganzen
Abstraktionsgabe, und wo es angeht, mit der ganzen Frucht-
barkeit seiner Einbildungskraft« »wehre[n]«. Der entscheidende Begriff hier ist der der Abstraktion. Nur wenn sie
gelingt, nämlich als ›Abziehung‹ der mentalen Aufmerksamkeit und Aktivität von den Leiden und Schmerzen des
Organismus, kann die Einbildungskraft sich – relativ! – frei
und produktiv dem Imaginären zuwenden und fiktive oder
auch theoretische Konstrukte entwerfen.[2]

Das in diesem, wie schwer auch immer erkämpften,
Denk- und Phantasieraum entstandene Werk hielt Schiller
von seinen persönlichen Bedrückungen weitgehend frei,
aber völlig daraus verdrängt war die Problematik keineswegs. Freilich – nur als allgemeine kommt sie hier zur Sprache, nicht als die seine. Und nur indirekt und in abstrakter
Brechung spiegelt sich darin ein höchst Eigenes. Aber: das
Erleben der eigenen Existenz als ›Sein zum Tode‹ ist sowohl Thema des Tragischen und der Tragödie wie zugleich
der Theorie des Erhabenen, und mit beiden beschäftigt sich
Schiller in diesen Jahren intensiv. Der tragische Held geht,
von Ausnahmen abgesehen, immer in den »Untergang«[3],
heißt in der Regel: in den Tod. In den meisten Fällen weiß
er das ab einem bestimmten Punkt der Handlung auch,
wenn etwa im Zuge des Glückswechsels die »Anagnori-
sis« eintritt, der »Umschlag von Unkenntnis in Kenntnis«
(Aristoteles).[4] In diesem Fall – wenn er also nicht etwa jäh-
lings, im Schlaf oder sonst wie unerwartet getötet wird –
hat er nicht anders als der Moribunde, bevor er stirbt, ›den
Tod vor Augen‹: nicht die abstrakte Sterblichkeit, sondern
den jetzt und hier bevorstehenden – und gerade in dieser
Gestalt ›je-seinigen‹ – Tod.

Mit dieser tragischen Kern- und ›Grenzsituation‹ be-
fasst sich Schiller auch theoretisch, vornehmlich in der
Theorie des »Erhabenen«, zu deren intellektuellem Brenn-
punkt sie geradezu wird. Begriff und zugehörige Phänomenologie hatte er im Wesentlichen aus Kants *Kritik der
Urtheilskraft* (1790) übernommen, die im Kapitel *Analytik
des Erhabenen* eine Ästhetik der überwältigend großen und
mächtigen Naturerscheinungen entwickelt hatte.[5] Schiller
sah jedoch sogleich die dort beiseitegelassene Möglichkeit
einer Übertragung des Konzepts auf das Feld der Geschichte und Politik und baute es umgehend in seine Tragödientheorie ein. Die entsprechenden Schriften – *Über den Grund
des Vergnügens an tragischen Gegenständen, Über die
tragische Kunst, Vom Erhabenen, Über das Pathetische* –
erschienen 1792/93 in der *Neuen Thalia*.[6] Die beiden letzt-
genannten Texte bildeten ursprünglich *einen* zusammen-
hängenden Aufsatz mit dem Titel *Vom Erhabenen*, versehen
mit dem Zusatz *Zur weitern Ausführung einiger Kantischen
Ideen*. Sein erster Teil stellt die Abhängigkeit von Kants
Analytik geradezu aus, er trägt gleichsam noch die Spuren
des Exzerpts. Wohl deshalb nahm ihn Schiller später auch
nicht in die vierbändige Sammlung seiner *Kleineren prosa-
ischen Schriften* (1792–1804) auf, sondern druckte 1801 im
dritten Band nur den tragödiennäheren zweiten Teil noch
einmal ab, unter dem Titel *Über das Pathetische*.[7]
　　Stattdessen aber ließ er in selbigem Band, wie zum Er-
satz des Ausgeschiedenen und mit kaum veränderter Über-
schrift, eine neue, bis dato »ungedruckte« Abhandlung
erscheinen, *Über das Erhabene*.[8] Die Grundlinie ist die
gleiche geblieben, und dennoch ist dies ein völlig anderer
Text als der Versuch von 1793. Von Kants *Analytik des Erhabenen* haben sich Schillers Überlegungen weit entfernt,
und ebenso weit greifen sie auch über den ursprünglichen

Tragödienkontext hinaus in Grundsätzliches aus. Wann genau dieser mit deutlichem Zeitversatz erschienene Essay
geschrieben wurde, wissen wir nicht und die Meinungen
dazu gehen auseinander: Schon 1792/93 im Umkreis der
frühen Tragödienschriften? Oder nicht doch deutlich später, etwa im Umkreis der *Wallenstein*-Trilogie (1799/1800),
mit der er immerhin in auffälliger Weise das Geschichtsbild
teilt? Doch so oder so, erst in *Über das Erhabene* erlangt
Schillers Theorie des Erhabenen ihre ausgereifte Form. Ich
nehme sie im Folgenden als Hauptquelle und lese auch die
früheren Schriften immer von ihr aus.[9]

Mit einem Paukenschlag setzt Schiller ein: »Kein
Mensch muß müssen«, denn Freiheit ist sein Wesen, aber
jeder Mensch »*muß*« einmal doch, was er »*nicht will*«,
nämlich sterben: »Gegen alles [...] gibt es Mittel, nur nicht
gegen den Tod«.[10] Der Tod hebt jene Freiheit unwiderruf-
lich auf; die Autonomie des ›Ich denke, ich will, ich handle‹
löst sich auf in ihr Gegenteil, die schiere Heteronomie des
Naturablaufs oder auch menschlicher Gewaltakte. Aller
»*realistisch[en]*« »Widerstehungsmittel« beraubt, bleibe
dem Todgeweihten nur mehr eine paradoxe Form der
Selbstbehauptung, die Schiller »*idealistisch*« nennt, aber
realpsychologisch meint, der als ein »Werk der freien Wahl
und Überlegung« gefasste Entschluss, sich dem *factum
brutum* solch finaler »Gewalt« »freiwillig [zu] unterwer-
fen«, oder in der Sprache der philosophischen Tradition,
die »Resignation in die Notwendigkeit«.[11]

Die hier angesprochene Tradition ist die klassische,
näherhin stoische und epikuräische, in der das okzidentale
Nachdenken über den Tod (*meditatio mortis*) bis heute seine topischen Muster – und gegebenenfalls Alternativen zur
christlichen *ars moriendi* – findet.[12] Speziell mit stoischem
Gedankengut war Schiller seit dem Studium vertraut.[13]

Und wie dort wird auch bei ihm nicht nur der Fähigkeit zu
vernünftiger Einsicht nach Maßgabe des Realitätsprinzips
eine große Rolle zugedacht, sondern auch der Fähigkeit des
Willens, ihr gemäß zu handeln und zu entscheiden. »Seelenstärke« hieß dies bei seinem Lehrer Abel und im neo-
stoischen Schrifttum der deutschen Spätaufklärung, das
sich hier, wie auch dieser selbst, im Anschluss an Thomas
Abbts *Vom Verdienste* (1765) gern auf Cicero bezog.[14] Schiller gebraucht diesen Ausdruck zwar nicht, aber was damit
gemeint ist, weiß er sehr wohl: »eine größere Klarheit des
Denkens« und eine höhere Energie des Willens«.[15] Die *con-
ditio sine qua non* der gegenüber Körner erwähnten »Abstraktionsgabe« ist damit benannt.

Das darin zum Ausdruck kommende Ethos der Selbstdistanz (wie relativ sie am Ende auch immer sein mag) darf
als genuin stoisches Erbteil in Schillers Denken gelten; zeit-
lebens bleibt es ein Ankerpunkt sowohl seiner empirischen
Anthropologie und illusionslosen Dramenpsychologie[16] wie
auch seiner Theorie des Erhabenen, die bei ihm ja nicht nur
Fragen der Ästhetik behandelt, sondern auch immer wieder
in das Gebiet der praktischen Philosophie ausgreift. Man
hat hier inmitten ästhetischer Erörterungen gleichsam die
Bruchstücke einer »Lebensphilosophie« *sub specie* finaler
Daseinseinschränkungen vor sich, die voller stoischer Topoi steckt, so etwa der Empfehlung, »durch stete Hinwei-
sung auf allgemeine Gesetze das Gefühl für unsere Individualität« zu »entkräfte[n]« und »im Zusammenhange des
großen Ganzen unser kleines Selbst« sich »verlieren« zu
lassen.[17] Und zwar nicht nur, um sich selbst nicht zu wichtig
zu nehmen, sondern vor allem, weil solche Abstandnahme
von sich uns in Leiden und Gefahr »in den Stand setzt, mit
uns selbst wie mit Fremdlingen umzugehen«.[18] Dieser Satz
hat immer wieder Unverständnis und Anstoß erregt, und

je empfindsamer die Leser, desto mehr. Was Schiller damit meint, erhellt ein zweiter Satz von ihm, dem allerdings
gelegentlich auch die Authentizität abgesprochen wurde,
eine durch Caroline von Wolzogen überlieferte Aussage
aus dem Todesjahr 1805: »Der Tod kann kein Übel sein,
weil er etwas Allgemeines ist«.[19] In einem Satz wie diesem
spricht sich die von Schillers ›Lebensphilosophie‹ propa-
gierte mentale Selbstdistanz katexochen aus; auch er mag
irritieren, sachlich aber passt er ins Gesamtbild und gibt für
besagten Zweifel keinen Anlass.

»Mit uns selbst wie mit Fremdlingen umzugehen« –
keineswegs zielt das umstandslos, wie der empfindsame
Verdacht meint, auf ›Selbstentfremdung‹ und ›Leid- gleich
Leibverleugnung‹, sondern vielmehr darauf, dieses Selbst
zu ›retten‹ und zu behaupten, dies jedoch bei gleichzeitiger
Verinnerlichung des Realitätsprinzips, also bei *Nicht*ver-
leugnung der letztlichen Überlegenheit der uns vernichten-
den »Gewalt«, sie komme von außen als letale Bedrohung
oder von innen als tödliche Krankheit. Wie einen solchen
Leidensdruck, wie die Gewissheit eines baldigen Todes be-
wältigen? Das ist Schillers Frage. Die Antwort in Wünsch-
barkeiten zu suchen, ist freilich seine Sache nicht, er sucht
nach empirischen Evidenzen, so dem Geist der damaligen
›empirischen Psychologie‹ oder ›Erfahrungsseelenkunde‹
folgend. Und er findet sie in einem dem Leid selbst nah
verwandten Phänomen, dem in der damaligen Anthropologie, Moralphilosophie und Ästhetik vielerörterten Affekt
»Mitleid«.[20]

Mitleiden ist zwar eine Form von Leiden, aber, wie
bekannt, eine andere als dieses selbst, nämlich keine un-
mittelbare, sondern allenfalls mittelbare Leidempfindung.
Das Leiden des Leidenden bleibt immer bei diesem, der
andere ›empfindet es nur nach‹ oder ›fühlt mit ihm mit‹.

Im fernen Anschluss an David Humes Theorie der *passions*
nennt Schiller das Mitleid daher einen bloß »mitgeteilten
Affekt«.²¹ Seine Intensität ist denn auch schwächer als die
des Leidaffekts selbst. Noch deutlicher tritt das beim Mitleid als ästhetischer, vom ›Ernst des Lebens‹ abgekoppelter
Empfindung zutage, im ›tragischen Mitleid‹ der Zuschauer
im Theater.²² Es macht vollends offenbar, dass allem Mitleid trotz seiner gegebenenfalls erheblichen Identifizie-
rungsleistungen das Apriori der Distanz, oder, trivial gesagt, der Nicht-Identität von Mitleidendem und Leidendem
zugrunde liegt.²³

Hier setzt Schiller an; er erkennt im Distanzapriori des
Mitleids eine anthropologische Schutzfunktion in unserem
Verhältnis zu Anderen und will sie in unser eigenes Selbst-
verhältnis übertragen – als Selbstschutzfunktion in Todesgefahr und schwerem Leid. Könnte es nicht möglich sein,
dem eigenen Leiden gegenüber eine ähnlich abständige und
entsprechend affektentlastete Position einzunehmen wie gegenüber fremdem? Also die Intensität der Leidempfindung
gleichsam so »in den Schranken des Mitleids« zu halten,
dass »der ursprüngliche Affekt« die Stärke eines »mitgeteilten« nicht übersteigt?²⁴ Schiller stellt sich diesen inneren Rollentausch vom Leidenden zum Mitleidenden quasi
als Umkehrung des theatralischen Identifizierungsaktes vor.
Statt sich wie im Theater als Zuschauer imaginär mit dem
tragischen Helden zu identifizieren, sollen wir in eigener Sache ebenso imaginär von der Position des Betroffenen in die
des (Selbst-)Beobachters wechseln. Die Empfehlung, »mit
uns selbst wie mit Fremdlingen umzugehen«, meint diesen
Switch. Und sie zielt nicht, wie man auch schon lesen konnte, auf Selbstmitleid, sondern auf Selbstdistanz.

Doch diese muss gelernt werden, das wusste Schiller so
gut wie die Alten von Epikur bis Marc Aurel, aber er war

der Meinung, dass eine rein rationale Schulung dafür nicht ausreicht, sondern immer auch bei der Sinnlichkeit, »ästhetisch«, angesetzt werden muss. Er verfährt also auch hier ganz im Sinne seiner Briefe *Über die ästhetische Erziehung des Menschen*[25] von 1795, jedoch mit anderer Akzentsetzung (denn es geht nicht mehr um die gelingende Freiheitserfahrung im Stande des Glücks, sondern um die heikle im Stande des Unglücks), – und auch durchaus noch in gewissem Anschluss an die frühe Schaubühnenrede (1785), jetzt aber mit dem Fokus auf dem je Einzelnen statt auf dem Kollektiv, was die Problemstellung gleichsam um hundertachtzig Grad dreht. Mit dieser doppelten Bezugnahme im Hinterkopf konzipiert er hier die tragische Kunst und ihre Rezeption buchstäblich als ein Medium der *meditatio mortis*, als Schule der Selbstdistanz und Probebühne der eigenen Endlichkeit, durchaus also als ›moralische Anstalt‹ und Institut der ›ästhetischen Erziehung‹, beides aber in dem neuen und spezifischen Sinn einer durch die Sinnlichkeit zur Vernunft laufenden »Inokulation des unvermeidlichen Schicksals«.[26]

Indem wir mit den tragischen Helden mitfühlen, trainieren wir nicht nur wie bei Lessing unsere Mitleidsfähigkeit, sondern üben angesichts eines fremden ›Untergangs‹ zugleich die ihr zugrundeliegende Distanzposition ein, die wir beim eigenen nötig haben werden: »[G]eht doch die Naturnotwendigkeit keinen Vertrag mit dem Menschen ein«, sondern am Ende über ihn hinweg, und »weder seine Kraft noch seine Geschicklichkeit kann ihn gegen die Tücke der Verhängnisse sicherstellen«.[27] Die Hoffnung wäre also, durch Habitualisierung der im Kunst- und Theatererleben im Modus des Als-ob, des ›Probehandelns‹, gelernten ›ästhetischen Distanz‹[28] »im Stande [zu] sein«, »endlich auch dann, wenn aus dem eingebildeten und künstlichen Unglück [der Bühne] ein ernsthaftes wird [...], es als ein künstliches zu behandeln und [...] das wirkliche Leiden in eine erhabene Rührung [den Distanzaffekt des Mitleids] aufzulösen«.[29]

Aus heutiger Warte könnte man sagen, dass Schillers Nachdenken hier auf noch undeutliche Weise etwas umkreist, was erst die Philosophische Anthropologie des 20. Jahrhunderts näher aufschließen wird, die sogenannte »exzentrische Positionalität« als Apriori der Stellung des Menschen in der Welt.[30] Gemeint ist die spezifische Positionalität des menschlichen Bewusstseins, das auf merkwürdige Weise nicht ›in‹ der Welt, und noch nicht einmal ›im‹ Leib oder Gehirn seines Trägers ›ist‹, sondern in einer schwer fassbaren Position außerhalb davon, »ortlos, im Nichts«.[31] In dieser Virtualität gründet der Abstand, den der exzentrische Beobachter in uns nicht nur gegenüber der Außenwelt, sondern auch gegenüber unserem eigenen Körper, ja sogar zu sich selbst (die bekannte Dialektik des ›Selbstbewusstseins‹) einnehmen kann. Dieser »Hiat« ist vorderhand kategorial; bis dato war es nicht möglich, ihn naturalistisch einzuebnen.[32] Er mag für gewöhnlich als minimal und zumal unter Stress als inexistent erlebt werden, aber er ist vorhanden. Qua Bewusstsein ›sind‹ wir nicht einfach ›in‹ der Welt und ›haben‹ sie perzeptiv und reflexiv auch nicht, sondern erleben sie durch einen Filter mentaler und symbolischer Konstruktionen, die den »Absolutismus der Wirklichkeit«[33] immer schon brechen. Denn in dieser Virtualsphäre ist es möglich, sich vom Faktizitätsdruck des Wirklichen auch zu entfernen oder ihn sogar zu negieren, wie in Traum und Phantasie, Illusion und Glauben, Verblendung und Wahn. Auf der anderen Seite ermöglicht sie aber auch Spielräume ›vernünftiger‹ Reflexion und Einsicht, die sich dem Realitätsdruck stellen, dies aber immer so, dass sie qua ›Möglichkeitsdenken‹ zugleich imstande sind, kontrafaktische Optionen zu erschließen, die jenen »Absolutismus«

wiederum relativieren und uns so eine gewisse Bewegungs-
freiheit schenken. – ›Die Gedanken sind frei‹, nicht ganz,
aber mehr, als manche meinen. Schillers Überlegungen zur
mentalen Selbstdistanz sind daher alles andere als unrea-
listisch. Dass ein seltsamer, wenn auch schwer zu konzep-
tualisierender Hiat durch die Natur des Menschen geht, lag
für ihn so offen zutage wie für jede empirische und philosophische ›Menschenkenntnis‹ seit der Antike. Sein Distanzethos unter dem Klischee »Idealismus« zu verbuchen, geht
daher am Problem vorbei; Realismus wäre ein passenderes
Rubrum.

Und dies auch angesichts dessen, dass Schillers *meditatio mortis* auf alle christlichen Tröstungen und Hoffnungen verzichtet. »Religionsideen«, speziell die »Idee der
Unsterblichkeit«,[34] kommen in der Theorie des Erhabenen
nicht zum Zuge. Mehr noch, sie müssen aus ihr »schlechterdings abgewiesen« werden, weil sie erstens bloße »Beru-
higungsgründe für unsere Sinnlichkeit« darstellen, und zu
dieser rechnet Schiller auch »unseren Trieb nach Fortdauer«, und weil zweitens durch sie »der Tod das *Furchtbare*
verliert«.[35] Und dies würde die Ästhetik des Erhabenen rui-
nieren, denn das »Praktischerhabene« oder »Erhabene der
Macht«,[36] um das es hier geht, wäre ohne das Furchtbare
keines mehr; um seine starke Wirkung zu entfalten, muss es
mit dem Gedanken der Todesdrohung verknüpft sein. Und
nicht weniger scharf kollidiert die Unsterblichkeitshoffnung
mit dem Distanzethos. Bei gegebener »Fortdauer« würde
dieses ja überhaupt nicht gebraucht, denn im Gedanken des
postmortalen Weiterlebens »findet« sogar »die Sinnlichkeit« selbst »gewissermaßen noch ihre Rechnung«.[37] Als
Empiriker weiß Schiller sehr wohl, dass diese Hoffnungen
für die »meisten Menschen«, die »doch weit mehr Sinnen-
wesen als Vernunftwesen sind«, im Angesicht des Todes

hilfreich sind, dennoch bleibt er ihnen gegenüber reserviert.[38] Er will das Furchtbare nicht verleugnen und verdecken: »Also hinweg mit der falsch verstandenen Schonung und dem schlaffen verzärtelten Geschmack, der über das ernste Angesicht der Notwendigkeit einen Schleier wirft, [...] um sich bei den Sinnen in Gunst zu setzen [...]. Stirn gegen Stirn zeige sich uns das böse Verhängnis.«[39]

Die herbe Nüchternheit solcher Sätze verknüpft Schillers *meditatio mortis* nicht nur mit der klassischen Philosophie und ihrer frühneuzeitlichen Rezeption, sondern auch – über Romantik und Idealismus hinweg – mit der ›realistischen‹ Intellektualität des 19. Jahrhunderts. Schiller und Büchner, Schiller und Schopenhauer, Schiller und Nietzsche, Schiller und Freud – durchweg Gebiete einer diachronen »Konstellationsforschung«,[40] die einer teils völligen Neubearbeitung harren. Einen wichtigen Ansatz dazu hat jetzt Paolo Panizzo geleistet und Schiller in die Ideengeschichte des ab 1800 aufkommenden »Nihilismus« eingerückt.[41] Um auf diesem Weg weiterzukommen, wäre es freilich nötig, einer bis heute wirksamen Stereotypik (Büchner versus Schiller usw.) die Gnade der Kassation zu schenken und den davon verdeckten philosophisch-ethischen, psychologisch-anthropologischen und vor allem auch dramatischen Realismus Schillers aus den Fesseln dieses Palimpsests zu befreien.[42]

Damit zu den Dramen. Schillers Tragödien mangelt es nicht an Bühnentoden, aber nicht alle werfen für unsere Fragestellung etwas ab. Das Werk der achtziger Jahre scheidet aus; die Krankheit war noch nicht da, und die Theorie des Erhabenen noch nicht geschrieben. Sehen wir sie uns dennoch kurz an. Die Tode der Brüder Moor könnte man als rhetorische bezeichnen. Karls letzte Szene gibt ihm Gelegenheit zu einer imposanten (›erhabenen‹) Geste und zu einem der bekanntesten Schlusssätze der deutschsprachigen Theaterliteratur, aber der danach zu erwartende Tod wird nicht mehr erzählt. Franz, in höchster Panik und gänzlich unerhaben, »reißt seine goldene Hutschnur ab und erdrosselt sich«. Das ist im Grunde so unmöglich wie sich mit eigenen Händen zu erwürgen; man müsste schon einen festen Knoten in die zusammengezogene Schnur gemacht haben, den man bei schwindender Luft und Kraft nicht mehr aufbekommt. Aber davon ist in Schillers Regieanweisung keine Rede.[43] Fiesko hat, als er von Verrina unvermittelt ins Wasser gestoßen wird, keine Zeit mehr zum Reagieren oder Reflektieren; mit einem Hilferuf »sinkt« er einfach »unter«.[44] Die von Ferdinand vergiftete Luise hat kurz vor ihrem Tod noch Zeit, ihrem Mörder (und Geliebten) zu vergeben – ein edler Theatertod im Geschmack der Empfindsamkeit, der ein wenig ins Sentimentale schlägt; Ferdinand selbst, ein Schwärmer von Gnaden, der bis hin zu seinem erweiterten Selbstmord mit besagtem Gift so ziemlich alles falsch gemacht hat, vergibt am Ende ebenfalls, seinem Vater, dem Quell des ganzen Unheils, aber auch diese Sterbeszene wird das rhetorische Air nicht ganz los.[45] Don Karlos wird in der letzten Szene der Inquisition übergeben, über seinen Tod erfahren wir nichts; Marquis Posa, der sich opfern wollte, um Karlos zu retten und den Stab an ihn weiterzugeben, wird im Moment, da er erfährt, dass sein Plan nicht aufgeht, erschossen. Zu sagen bleibt ihm nicht mehr viel, aber dieser Tod entfaltet nun doch eine Tragik, wie sie Schiller zuvor nicht gelungen war.[46]

In den ab 1800 im Druck erscheinenden Dramen verändert sich das Bild. Mord, Selbstmord, Opfertod kehren alle wieder, aber der von mir rhetorisch genannte Anstrich fehlt, beziehungsweise er dient gezielter der kritischen Zeichnung der Figur. So bei Max Piccolomini: Aus nachvollziehbarer

Verzweiflung begeht er Selbstmord, allerdings einen derart grandios erweiterten, dass allein der Schwärmermakel dieser Tat den des Ferdinand übertrifft. Er führt ein ganzes Regiment in eine sinnlose Schlacht bis zum »letzte[n] Mann«, einen »unbesonnen[en]« Reiterangriff ohne Deckung durch Fußtruppen, nur um seinen sicheren Tod zu suchen: »Wer mit mir geht, der sei bereit zu sterben«.[47] Doch kein Heldentod ist ihm gewährt: Die gegnerische Lanze trifft nicht ihn, sondern sein Pferd; aus dem Sattel geschleudert, gerät er unter die Hufe der eigenen Reiterei.[48] Auf geradezu bizarre Weise kippt Max im Tod aus der Rolle des positiven Helden, die ihm zuvor auf den Leib geschrieben schien, und stürzt sich in den fatalen Sog des Dramengeschehens. Dieser wird durch seine Verzweiflungstat ja nicht negiert, sie besiegelt vielmehr nur das »Chaos von Erscheinungen«, als welches der späte Schiller die Geschichte insgesamt begriff.[49] Thekla, die ihm nachfolgt, macht die Sache nicht besser; auch sie sucht den Tod (die »tiefe Ruh, wie *er* sie auch gefunden«), aber dieser wird nicht mehr erzählt, ihr Schicksal bleibt letztlich offen.[50] Wallenstein selbst wird im Schlafgemach gemeuchelt, ob schlafend oder bei Bewusstsein, wird nicht gesagt.[51]

Für die Theorie des Erhabenen und das Ethos der Selbstdistanz im Sterben oder angesichts des nahen Todes ist dies alles wenig ergiebig. Und das gilt vielfach auch für die auf den *Wallenstein* folgenden Tragödien. Sowohl für die politisch motivierten Tode wie den Selbstmord Mortimers (auch er eine typische Schwärmerfigur Schillers) in *Maria Stuart* oder den (Frei-)Tod des Boris Godunow und die Ermordung des Demetrius im gleichnamigen Dramenentwurf,[52] als auch für die privat motivierten Tode in der *Braut von Messina*, den Brudermord an Don Cesar (»Er sinkt und stirbt«) und den als Sühne vollzogenen Selbstmord Don Manuels, seines

Mörders (»Er durchsticht sich mit einem Dolch und gleitet sterbend an seiner Schwester nieder«).[53] *Die Braut von Messina* stellt sich indes als ein reines Kopfstück dar, als quasi algorithmische Zugzwang-Geschichte auf engstmöglichem Raum, innerhalb der Kernfamilie, ganz nach dem Vorbild des *Oedipus Rex*, der hier einer kompositorischen Aemulatio unterzogen wird: Engführung von Liebe und Tod in einer Inzestkonstellation, nur hier auf der Geschwisterebene, was einen anderen mythischen Archetypus ins Spiel bringt, Kain und Abel. Aber gerade das wie Durchgerechnete, Überkalkulierte der Handlung verhindert sowohl den tragischen »Jammer und Schauder« der aristotelischen Tragödienlehre wie auch Schillers »erhabene Rührung«, das tragische Mitleid.[54]

Im Sinne einer ›erhabenen‹ Konfrontation des Todes wird also auch hier wenig gestorben. Die Ermordeten wissen meist gar nicht, wie ihnen geschieht, so schnell ist es um sie geschehen. Die Selbstmorde, auch die Opfer- und Sühnetode changieren zwischen Heroismus und »Schwärmerei«, und das heißt, mit einer hierher übertragenen, am Beispiel der Selbstverbrennung des Peregrinus Proteus (2. Jahrhundert) angestellten Überlegung Schillers, sie können, »[m]oralisch beurteilt«, »nicht Beifall« finden, sondern allenfalls dem »ästhetischen Urteil« gefallen, das sich, immer bei Suspendierung des moralischen, schon an der Tatsache »erhebt und begeistert«, dass es überhaupt möglich ist, so frontal gegen die Imperative der Sinnlichkeit und des Lebenswillens zu handeln.[55] Und die im Verborgenen, ›hinter der Bühne‹, nur knapp mitgeteilten Tode kommen für eine nähere Betrachtung ohnehin nicht in Frage.

Als das Paradebeispiel erhabenen Sterbens bei Schiller gilt daher seit jeher Maria Stuart. Zum Schafott verurteilt (bei Schiller klar rechtswidrig), sieht sie dem baldigen Tod ins

Auge. Aber sie, die sich der Anklage gegenüber unschuldig
weiß, will sich nicht brechen lassen und aufrechten Gangs
das »Mordgerüst«[56] besteigen. Ihre ›Resignation in die
Notwendigkeit‹ folgt freilich nicht der Schillerschen Theorie des Erhabenen, sondern einem klar von ›Religionsideen‹ bestimmten Skript, das nicht anders als im barocken
Trauerspiel an die spätmittelalterliche *Ars moriendi* erinnert: Beten, Beichten, Priesterzuspruch, Sakramente, Mär-
tyrerstilisierung, Hoffnung auf Unsterblichkeit.[57] Vor dem
Gang zur Hinrichtung nimmt sie »das Kruzifix und küßte
es«: »Mein Heiland! mein Erlöser!«, danach serviert sie
erst noch aufs Eleganteste den dazukommenden Leicester
ab (»Er steht wie vernichtet«).[58] Die Enthauptung selbst sehen wir nicht, vernehmen nur noch, was der erledigte Ver-
ehrer davon sieht und hört.[59] In einer früheren Studie dazu
habe ich geschrieben, das sei »im genauesten Sinne ›Theater‹«, eine Selbstinszenierung, die »für Schiller nur noch
auf der Bühne möglich« sei, »als ästhetische Illusion, als
Versöhnungsspiel im Medium des schönen Scheins«.[60] Das
ist zwar nicht falsch, trifft die Sache aber noch nicht ganz.
Denn diese Selbstinszenierung Marias ist keine irgendwie
unredliche, sondern im Gegenteil aller Ehren wert. Sie entspricht nicht einem Denken an der Schwelle zum antime-
taphysischen Desillusionismus, wie es um 1800 Schillers
eigenes darstellt, aber dies einer katholischen Königin des
16. Jahrhunderts zuzumuten, wäre unglaubwürdig gewesen. Schiller verfährt hier vielmehr als konsequenter Hi-
storist. Und so gesehen, mit Blick auf die Mentalitätsbedin-
gungen der historischen Maria, verdient der Bühnentod der
fiktiven ohne Abstriche die Palme des »Erhabenen«.
    Durchaus anders Johannas Tod in der *Jungfrau von
Orleans*. Das Schlachtenglück hat sie verlassen, sie ist
»tödlich verwundet«, »ohne Zeichen des Lebens« liegt

sie in den »Armen« ihrer »Fürsten«.[61] Bei bereits schwin-
dendem Bewusstsein hat sie eine Vision: Sie sieht den ge-
öffneten Himmel, hört die englischen Chöre, erblickt die sie
begrüßende Gottesmutter mit dem »ewgen Sohn an ihrer
Brust« und glaubt sich schon entschweben – ihr entgegen:
»Hinauf – hinauf«. Dann entfällt ihr die Fahne, »sie sinkt
tot darauf nieder«.[62] Die Szene macht dem Untertitel des
Dramas, *Eine romantische Tragödie,* zwar alle Ehre, aber
sie ist gerade keine neukatholische Beschwörung verlorener
Glaubensgewissheiten, wie sie ab 1800 unter den Jüngeren
in Mode kam. Denn bei aller Sympathie und auch Diskreti-
on seziert Schiller diese mittelalterlichste seiner Dramen-
heldinnen mit einem seelenanalytischen Scharfblick, der
damals seinesgleichen suchte. Da ich das an anderer Stelle schon gezeigt habe,[63] beschränke ich mich nur auf jene
Schlussvision. Johanna ›sieht‹, aber niemand sonst. Mit
einem »Seht ihr den Regenbogen in der Luft?« wendet
sie sich an die Umstehenden, so ihre letzten Verse einlei-
tend. Dieses Naturphänomen (und ebenso den »rosigten«
Himmelsglanz der Regieanweisung) sehen freilich alle,
doch schon in der nächsten Zeile – »Der Himmel öffnet
seine goldnen Tore« – ist dies fraglich. Erblicken sie wie
Johanna das Tor zum Empyreum oder sehen sie nur eine
natürliche Wolkenöffnung? Schiller vermeidet es, auf die
Einladung der Sterbenden, doch ›mitzusehen‹, was sie
sieht, ein Echo, gar Zustimmung mitzuteilen.[64] Er zeigt Johannas ›Gesicht‹ vielmehr als eines, das die Frage Vision
oder Wahn völlig offenlässt, und somit auch die, ob Johanna
Heilige oder Schwärmerin sei. Durchaus anders als in *Maria Stuart,* so meine These, setzt er hier die doppelte historische Optik ein: Was im Mittelalter – und so auch von den
dramatis personae – als objektiv geglaubt wurde, kann das
aufgeklärte Publikum – und so auch schon der Autor – zu-

gleich als bloß subjektive Einbildung nehmen. Die prämortal euphorisierte Johanna (»Der schwere Panzer wird zum Flügelkleide«) mag für sich und auch für die Umstehenden vollkommen getröstet sein, für den modernen Zuschauer um und ab 1800 ist die Sache komplizierter, melancholischer. Seinem tragischen Mitleid ist bereits die »sentimentalische«, genauer »elegische« »Empfindungsweise« beigemischt, die »Trauer«[65] darüber, dass das goldene, sprich »naive« Zeitalter solcher Glaubensstärke und »Sterbefreudigkeit«[66] (von Johanna immerhin perfekt erfülltes Ziel der mittelalterlichen *ars moriendi*!) vorbei und nicht mehr zurückzuholen ist. Das sentimentalisch-moderne Bewusstsein kann beim Anblick von Johannas Bühnentod den Gedanken schlechterdings nicht mehr von sich fernhalten, dass die ›Wunscherfüllung‹, als die sie ihn erfährt, bloßes Delirieren, eine zwar schöne, aber wahnhafte Illusion war. Diesen Tod erhaben zu nennen, fällt daher ungleich schwerer als im Fall der Stuart.

Jedoch gibt es genau in diesem Drama eine andere Figur, eher an der Peripherie des Personaltableaus, aber hoch bedeutsam, deren Tod den Zielsetzungen der Schillerschen *meditatio mortis* sehr nahekommt, ja sie geradezu vollständig umzusetzen scheint – Talbot, der bereits im dritten Akt fallende Feldherr der Engländer. Von allen Dramenpersonen ist er der aufgeklärteste. Er trägt denn auch deutlich anachronistische Züge. Wie Marquis Posa im *Don Karlos* auftritt, als habe es ihn aus dem 18. ins 16. Jahrhundert verschlagen, wirkt Talbot wie eine aus dem späten 16. ins frühe 15. Jahrhundert versetzte Figur. Man muss ihn sich als Leser Montaignes (die *Essais* erschienen 1580) vorstellen, und das nicht allein wegen seiner konsequenten Psychologisierung des ›geisterhaften‹ Phänomens »Johanna« (»Furchtbild der erschreckten Einbildung«).[67] Auch sein Sterbemonolog wirkt, als trage er schon die Spuren frühneuzeitlich-humanistischer, ›eklektischer‹ Rezeption der wiederentdeckten antiken Philosophenschulen. Trotz der Resignation in die (auch dem späten Schiller nicht ferne) Einsicht, dass der »Aberwitz« die Welt regiert und die »[e]rhabene Vernunft« den Tollheiten der Geschichte »ohnmächtig« zusehen muss, erweist er ihr dennoch unbeirrt ein letztes Mal seine Reverenz: »lichthelle Tochter / des göttlichen Hauptes [Athene?], weise Gründerin / des Weltgebäudes«,[68] – um sich danach in die noch schwierigere Resignation in das jetzt Unvermeidliche, den eigenen Tod, zu fassen:

> Bald ists vorüber und der Erde geb ich,
> Der ewgen Sonne die Atome wieder,
> Die sich zu Schmerz und Lust in mir gefügt –
> Und von dem mächtgen Talbot, der die Welt
> Mit seinem Kriegsruhm füllte, bleibt nichts übrig,
> Als eine Handvoll leichten Staubs. – So geht
> der Mensch zu Ende – und die einzige
> Ausbeute, die wir aus dem Kampf des Lebens
> Wegtragen, ist die Einsicht in das Nichts,
> Und herzliche Verachtung alles dessen,
> Was uns erhaben schien und wünschenswert –[69]

»Erhabene Vernunft«, Zirkulation der »Atome«, der Tod als Übergang ins Nichtsein, Flüchtigkeit des Erfolgs, Welt- und Güterverachtung, Geschichtsskepsis – wie zwanglos mischen sich in diesen Versen Stoisches, Epikureisches, Skeptisches, auch Kynisches. Geradeso wie in Montaignes *Essais* (die ich damit aber nicht umstandslos als Schillers Quelle ins Spiel bringen möchte). Und genau wie Montaigne in seiner *meditatio mortis*, dem berühmten Kapitel *Que philosopher, c'est apprendre à mourir*,[70] lässt auch Talbot in der seinen nichts Platonisch-Neuplatonisches und vor allem nichts Christliches zu Wort kommen. Ich halte diese Figur daher für einen bemerkenswerten (und zugleich

dezent versteckten) literarischen Coup des späten Schiller.
Denn mit ihr bringt er einen Sterbenden auf die Bühne,
in dem er sich wiedererkennen konnte und mit dem er
dem, der Augen hat zu sehen, wie in einem verschatteten
Spiegel einmal sich selber zeigt. Wenn es denn eines
gibt, dann ist, in eine Nebenfigur gekleidet wie der Maler
auf alten Gemälden, der sterbende Talbot das einzige
Selbstporträt Schillers in seinen Dramen. Dass Talbot das
Ereignis des Todes nicht nur stoisch (vernünftig-»weise«
Naturordnung), sondern zugleich, ja sogar im Wesentlichen
epikureisch fasst (»Atome«, »Staub«, »Ende«, »Nichts«),
wirft auch auf Schiller sein Licht. Denn immerhin, epikureisch ist in dieser Sterbeszene auch die gänzliche Ab-
wesenheit von Todesfurcht, und dies – wiederum und
erst recht epikureisch! – nicht im Zeichen einer Jenseits-
hoffnung, sondern angesichts jenes »Nichts«, in das
Schiller Talbot am Ende blicken lässt.[71] Die überlieferten
Zeugnisse legen nahe, dass es auch ihm selbst, zumindest
phasenweise, gelungen sein muss, diese Furcht nicht über
sich kommen zu lassen und das Gemüt ruhig zu halten. Er
sei »heiter«, liest man in seinen Äußerungen immer wieder einmal, auch am Ende.[72] Wenn dies so war, starb auch
Schiller nicht nur als Stoiker, sondern auch als Epikureer.

Anmerkungen

1 Zu Schillers Krankheit, zur Todesursache sowie zu den Dokumenten dazu (v.a. Schillers Briefe an Körner und Goethe, das Obduktionsprotokoll vom 19. Mai 1805, Goethes *Epilog zu Schillers ›Glocke‹*, 1805, 2. Aufl. 1810, 3. Aufl. 1816) im Überblick: Peter-André Alt: Schiller. Leben – Werk – Zeit. 2 Bde. München 2000, Bd. 2, S. 50 ff., 607 ff.; Rüdiger Safranski: Schiller oder die Erfindung des Deutschen Idealismus. München/Wien 2004, S. 342 ff., 346 ff., 378, 524 f. Pionierstudie dazu: Wolfgang H. Veil: Schillers Krankheit. Eine Studie über das Krankheitsgeschehen in Schillers Leben und über den natürlichen Todesausgang. Naumburg 1945. Weiteres in der Einführung dieses Bandes. – Texte Schillers werden zitiert nach SW.

2 Kein schillerspezifisches Problem im Übrigen; siehe Verf.: Den Tod vor Augen. Lyrische *ars moriendi* heute (Robert Gernhardt, Heiner Müller) [2014]. In: Friederike F. Günther und Verf. (Hrsg.): Der Tod und die Künste. Würzburg 2016, S. 363–396. – Das Schillerzitat oben nach Safranski: Schiller oder die Erfindung (Anm. 1), S. 378.

3 Friedrich Hölderlin: Über das Tragische (mit dem *Grund zum Empedokles*) [1799]. In: Sämtliche Werke und Briefe. Hrsg. von Jochen Schmidt. 3 Bde. Frankfurt am Main 1992–1994, Bd. 2, S. 425–439, hier S. 434.

4 Aristoteles: *Poetica*, 1452a-b.

5 Immanuel Kant: Kritik der Urtheilskraft. In: Kants Werke. Akademie Textausgabe. 9 Bde. Berlin 1968 (zit.). Neudruck 2009, Bd. 5, S. 244–266, §§ 23–29: »Analytik des Erhabenen«.

6 SW 5 (hrsg. vom Verf., 2. Aufl. 2008), 358–372, 372–393, 489–512, 512–537.

7 Teil I: SW 5, 489–512, *Vom Erhabenen* (nach *Neue Thalia*, Bd. 3, 1793); Teil II: SW 5, 512–537, *Über das Pathetische* (nach *Kleinere prosaische Schriften*, Bd. 3, 1801).

8 Schiller: *Über das Erhabene* (nach *Kleinere prosaische Schriften*, Bd. 3, 1801). SW 5, 792–808. »Ungedruckt«: Titelzusatz im Inhaltsverzeichnis von *Schriften*, Bd. 3.

9 Ich stütze mich dabei auf zwei von mir bereits vorliegende Untersuchungen dazu: »Weltgeschichte als erhabenes Objekt«. Schillers Abschied von der Geschichtsphilosophie (2001); Die Freiheit und der Tod. Grenzphänomene idealistischer Theoriebildung beim späten Schiller (2007). In: Verf.: Um Schiller. Studien zur Literatur- und Ideengeschichte der Sattelzeit. Hrsg. von Markus Hien u.a. Würzburg 2017, S. 279–300, 301–314. Aber auch aus anderen früheren Studien waren

für diese Synopse einzelne Befunde und Formulierungen zu übernehmen; siehe die Hinweise in den entsprechenden Anmerkungen.

10 Schiller: *Über das Erhabene.* SW 5, 792 f.

11 Ebd., 793 f.; Schiller: *Vom Erhabenen.* SW 5, 495.

12 Quellenbelege und Literaturhinweise bei Verf.: Den Tod vor Augen (Anm. 2), S. 367–375, hier S. 371 ff. (›Sterbekunst – christlich und klassisch‹); mehr bei Michael Erler: Der Tod als Teil des Lebens. Zur *meditatio mortis* bei Platon und den Epikureern. In: Günther/Verf.: Der Tod und die Künste (Anm. 2), S. 1–16.

13 Siehe Trinidad Piñeiro Costas: Schillers Begriff des Erhabenen in der Tradition der Stoa und Rhetorik. Frankfurt am Main u.a. 2006; Verf.: Die Freiheit und der Tod (Anm. 9), S. 305–310, Stoische Tradition im Blick auf Schiller.

14 Besonders bezog er sich auf die *Disputationes Tusculanae* und *De officiis*, aber auch auf die bekannten Topoi bei Platon (*Laches*; *Nomoi*, I, 633c-d) und Aristoteles (*Ethica Nikomacheia*, II). – *Seelenstärke ist Herrschaft über sich selbst* lautete 1777 das Thema von Abels Rede zum Jahrestag der Karlsschule (In: Jacob Friedrich Abel. Eine Quellenedition zum Philosophieunterricht an der Stuttgarter Karlsschule (1773–1782). Hrsg. von Wolfgang Riedel. Würzburg 1995, S. 219–236); zu weiteren Quellen vgl. ebd., S. 570 ff. (Kommentar) sowie Verf.: Die Freiheit und der Tod (Anm. 9), S. 306 f.

15 Schiller: *Über das Erhabene.* SW 5, 794.

16 Hierzu siehe demnächst meinen Artikel *Philosophical Anthropology* im *Palgrave Handbook »Schiller as Philosopher«* (hrsg. von Tim Mehigan, Antonino Falduto. London, voraussichtlich 2022). Hinweise dazu, speziell zu dem hier für Schiller von früh an relevanten, aus der Schulphilosophie übernommenen Vermögen einer mentalen Steuerung (*attentio*/»Aufmerksamkeit«), schon bei Abel: Eine Quellenedition (Anm. 14), S. 572 ff. (Kommentar); SW 5, 1176.

17 Schiller: *Über die tragische Kunst.* SW 5, 375. – »Lebensphilosophie« (ebd.) hier im Sinne des 18. Jahrhunderts, als »philosophia vitae« oder »praktische Weltweisheit«, wie sie die Thomasius-Fraktion der deutschen Aufklärung (zu der auch Abel gehörte) propagiert hatte, immer mit der schon angesprochenen Berufung auf Cicero; vgl. Abel: Eine Quellenedition (Anm. 14), S. 403–408, Sapientia. Der Primat der praktischen Philosophie.

18 Schiller: *Über die tragische Kunst.* SW 5, 375.

19 Caroline von Wolzogen: Gesammelte Schriften. Hrsg. von Peter Boerner. 2 Bde. Hildesheim 1990, Bd. 2, S. 288.

20 Schiller: *Über die tragische Kunst.* SW 5, 375 ff. – Zum Mitleid (Empathie, Sympathie usw.), philosophisch-psychologisches Dau-

erthema seit jeher, als knapper Gesamtüberblick: Lothar Samson: Art. ›Mitleid‹. In: Historisches Wörterbuch der Philosophie. Hrsg. von Joachim Ritter, Karlfried Gründer u.a. 13 Bde. Basel/Darmstadt 1971–2007, Bd. 5, Sp. 1410–1416; zum 18. Jahrhundert vgl. Ulrich Kronauer: Rousseaus Kulturkritik und die Aufgabe der Kunst. Heidelberg 1978; Hans-Jürgen Schings: »Der mitleidigste Mensch ist der beste Mensch«. Poetik des Mitleids von Lessing bis Büchner. 2., durchgesehene Aufl. Würzburg [1980] 2012; Nina Gülcher und Irmela von der Lühe (Hrsg.): Ethik und Ästhetik des Mitleids. Freiburg u.a. 2007, hier u.a. S. 15–31, Verf.: Um ein Naturprinzip der Sittlichkeit. Motive der Mitleidsdiskussion im 18. Jahrhundert. Auch in: Verf.: Um Schiller (Anm. 9), S. 87–102 (zit.).

21 Schiller: *Über die tragische Kunst.* SW 5, 377. »Communication of passions« hatte David Hume (*Treatise of Human Nature*, 1739/1740) das Phänomen der Affektübertragung genannt; vgl. Verf.: Um ein Naturprinzip (Anm. 20), S. 92 ff. – Zu Hume, der den Mitleidsdiskurs des 18. Jahrhunderts nachhaltig geprägt hatte, siehe Thomas Gil: Der Mechanismus der »Sympathie« in David Humes Moralphilosophie. In: Gülcher/Lühe: Ethik und Ästhetik (Anm. 20), S. 67–76.

22 Schiller: *Über die tragische Kunst.* SW 5, 377 ff.

23 Die Betonung dieser »Distanzstruktur« war die Pointe der Mitleidstheorie Käte Hamburgers (Das Mitleid. 2. Aufl. Stuttgart [1985] 1990, S. 106 ff., 114, 126, ebenfalls im Anschluss an Hume, siehe Anm. 20).

24 Schiller: *Über die tragische Kunst.* SW 5, 375.

25 Die Literatur dazu ist Legion; mein eigener Versuch einer integralen Analyse dieses Komplexes liegt in Verf.: Um Schiller (Anm. 9), S. 225–277, vor: Philosophie des Schönen als politische Anthropologie. Schillers Augustenburger Briefe und die Briefe *Über die ästhetische Erziehung* (2013).

26 Schiller: *Über das Erhabene.* SW 5, 805 f. Vgl. Schings: Der mitleidigste Mensch (Anm. 20), S. 110, mit Hinweis auf Schillers Nähe zu älteren Formen der *consolatio tragoediae.*

27 Schiller: *Über das Erhabene.* SW 5, 805.

28 Zu dem auch unseren Gegenstand umgreifenden ästhetisch-anthropologischen Großthema der »ästhetischen Distanz«, das aber hier nicht weiter auszuführen ist, siehe Verf.: Ästhetische Distanz. Auch über Sublimierungsverluste in den Literaturwissenschaften. Würzburg 2019, zu Schiller S. 9–18, 48–52 (Anm.).

29 Schiller: *Über das Erhabene.* SW 5, 805.

30 Helmuth Plessner: Die Stufen des Organischen und der Menschen. Einleitung in die philosophische Anthropologie (1928). In: Ders.: Gesammelte Schriften. Hrsg. von Günter Dux und Odo Marquard.

10 Bde. Frankfurt am Main 1980–1985, Bd. 4, S. 360–365, Die Positionalität der exzentrischen Form. Das Ich und der Personcharakter. Dazu Verf.: Unort der Sehnsucht. Vom Schreiben über Natur. Ein Bericht. Berlin 2017, S. 64 ff. – Den ideengeschichtlichen Verbindungslinien zwischen Schiller und der Philosophischen Anthropologie des 20. Jahrhunderts wurde zuletzt wiederholt nachgegangen, am ausführlichsten von Carina Middel: Schiller und die Philosophische Anthropologie des 20. Jahrhunderts. Ein ideengeschichtlicher Brückenschlag. Berlin/Boston 2017; siehe ferner Verf.: Philosophie des Schönen (Anm. 25), S. 244 ff.; Ästhetische Distanz (Anm. 28); Philosophical Anthropology (Anm. 16).

31   Plessner: Die Stufen des Organischen (Anm. 30), S. 364.

32   Der diesbezügliche Enthusiasmus, mit dem sich die Neurobiologie ab 1990 in gleich mehrere *Decades of the Brain* stürzte, ist verflogen. Die neurophysiologischen Forschungserfolge zwar waren enorm, besagter Hiat jedoch ließ sich nicht überwinden, und Plessners beinahe schon poetisch formulierte *epoché* (»ortlos, im Nichts, im raumzeithaften Nirgendwo-Nirgendwann«; siehe Anm. 30) behält bis dato recht. – Der »Hiat«-Begriff wurde von Arnold Gehlen in *Der Mensch* (1940) eingeführt (§ 6 der Einführung und Kap. II.39). Schillers vielgeschmähte Metaphorik der ›Scheidung‹, des ›Losreißens‹ oder ›Heraustretens‹ des Geistes aus dem Körper (Schiller: *Über das Erhabene.* SW 5, 793, 798, 799; Schiller: *Vom Erhabenen.* SW 5, 502) expliziert nur das *in extremis* abrufbare, sonst latente Potential dieses Hiats.

33   Hans Blumenberg: Arbeit am Mythos. Frankfurt am Main 1979, S. 9–39, Nach dem Absolutismus der Wirklichkeit; vgl. Verf.: Philosoph der Primärprozesse. Blumenbergs anthropologisch-ästhetisches Projekt, In: Pro-Fil. An Internet Journal of Philosophy. Special Issue: Hans Blumenberg (2020), S. 6–31.

34   Schiller: *Vom Erhabenen;* SW 5, 498 f.

35   Ebd.

36   Ebd., 490.

37   Ebd., 499.

38   Ebd. – Dass der kranke Schiller diesen theoretischen Ausschluss in eigener Sache nicht konsequent vollzog, nimmt freilich nicht wunder; er hielt sich indes an den vorsichtigen Trost der Philosophie (Kant), nicht an die Hoffnungen der Religion; vgl. Safranski: Schiller oder die Erfindung (Anm. 1), S. 344. Von Goethes vitalem Glauben an unsere »künftige Fortdauer« (vor allem gegenüber Eckermann mehrfach bezeugt: 25.4.1825, 4.2.1829, 1.9.1829) ist er dennoch weit entfernt. Den Tod ›nicht zu statuieren‹ (1825 zu Friedrich Förster), wäre ihm

wohl nicht in den Sinn gekommen (siehe Goethes Gespräche. Hrsg. von Wolfgang Herwig. 5 Bde. Zürich 1965–1987, Bd. 3.2, S. 289).

39 Schiller: *Über das Erhabene.* SW 5, 806.

40 Nach Dieter Henrich: Konstellationen. Probleme und Debatten am Ursprung der idealistischen Philosophie (1789–1795). Stuttgart 1992; Martin Mulsow und Marcelo Stamm (Hrsg.): Konstellationsforschung. Frankfurt am Main 2005.

41 Paolo Panizzo: Die heroische Moral des Nihilismus: Schiller und Alfieri. Berlin/Boston 2019; aber auch Middel: Schiller und die Philosophische Anthropologie (Anm. 30), die zwar ins frühe 20. Jahrhundert ausgreift, gehört hierher.

42 Dazu auch schon Verf.: Weltgeschichte (Anm. 9); Philosophie des Schönen (Anm. 25); Philosophical Anthropology (Anm. 16).

43 Schiller: *Die Räuber* (1781), V.2 (»dem Manne kann geholfen werden«). SW 1, 618, sowie ebd., V.1. SW 1, 608. Dank für gerichtsmedizinische Auskunft an Dr. med. Ulrich Preiß, JMU Würzburg.

44 Schiller: *Die Verschwörung des Fiesko zu Genua* (1783), V.16. SW 1, 761.

45 Schiller: *Kabale und Liebe* (1784), V.7. SW 1, 855 f., sowie ebd., V.8. SW 1, 858. Zu Ferdinand im zeitgenössischen ›Schwärmer‹-Kontext: Abel: Eine Quellenedition (Anm. 14), S. 8, 613–616.

46 Schiller: *Don Karlos. Infant von Spanien* (1787), V.11. SW 2 (nach der 2. Aufl. von 1801), 219, sowie ebd., V.3. SW 2, 192.

47 Schiller: *Wallensteins Tod* (1800), IV.10. SW 2, 515 f., sowie ebd., III.23. SW 2, 495; vgl. hierzu und zum Tod Theklas Verf.: Die Freiheit und der Tod (Anm. 9), S. 312 f.

48 Schiller: *Wallensteins Tod*, IV.10. SW 2, 516.

49 Schiller: *Über das Erhabene.* SW 2, 516; zu Schillers spätem Geschichtsbild und dem *Wallenstein* knapp Verf.: Weltgeschichte (Anm. 9), S. 291–297.

50 Schiller: *Wallensteins Tod*, IV.11–12. SW 2, 517–520.

51 Ebd., V.7. SW 2, 541.

52 Schiller: *Maria Stuart* (1801), IV.4. SW 2, 642; Schiller: *Demetrius* (1804/1805). SW 3, 59 und 75 (Szenar). – Zum Schwärmerprofil Mortimers knapp Verf.: Religion und Gewalt in Schillers späten Dramen (*Maria Stuart, Die Jungfrau von Orleans*) [2011]. In: Ders: Um Schiller (Anm. 9), S. 165–185, hier S. 170 ff.

53 Schiller: *Die Braut von Messina* (1803). SW 2, 882, 911.

54 Schiller: *Über das Erhabene.* SW 5, 805; Aristoteles: *Poetica*, 1449b.

55 Schiller: *Über das Pathetische.* SW 5, 531 f.; vgl. Verf.: Die Freiheit und der Tod (Anm. 9), S. 305, 313.

56 Schiller: *Maria Stuart*, V.5. SW 2, 666.

57 Ebd., V.1–9. SW 2, 661–678. Klassisch zur Gattung: S. Mary O'Con-
    nor: The Art of Dying Well. The Development of the Ars moriendi.
    New York 1942; Rainer Rudolf: Ars moriendi. Die Kunst des heilsa-
    men Lebens und Sterbens. Köln/Graz 1957; knapp dazu, mit neueren
    Hinweisen, Verf.: Den Tod vor Augen (Anm. 2), S. 367 ff.

58 Schiller: *Maria Stuart*, V.9. SW 2, 677.

59 Ebd., V.10. SW 2, 679.

60 Verf.: Die Freiheit und der Tod (Anm. 9), S. 312.

61 Schiller: *Die Jungfrau von Orleans* (1802), V.14. SW 2, 810.

62 Ebd., V.14. SW 2, 811 f.; zur Sterbeszene schon Verf.: Religion und
    Gewalt (Anm. 52), S. 184 f.

63 Verf.: Religion und Gewalt (Anm. 52), S. 175 ff.

64 Schiller: *Die Jungfrau von Orleans*, V.14. SW 2, 811.

65 Schiller: *Über naive und sentimentalische Dichtung* (1795/1796).
    SW 5, 782 f.

66 Vgl. Rainer Rudolf u.a.: Art. ›Ars moriendi‹. In: Theologische Real-
    enzyklopädie. Hrsg. von Gerhard Müller u.a. Bd. 4. Berlin/New York
    1979, S. 143–156, hier S. 151.

67 Schiller: *Die Jungfrau von Orleans*, II.3. SW 2, 736; man halte nur
    einmal Montaignes Kap. I.21, *De la force de l'imagination*, daneben
    (»fortis imaginatio generat casum«); siehe Verf.: Religion und Gewalt
    (Anm. 52), S. 177 f.

68 Schiller: *Die Jungfrau von Orleans*, III.7. SW 2, 765.

69 Ebd., III.7. SW 2, 765 f.; der Hinweis auf Talbots Tod in diesem Kon-
    text erstmals in Verf.: Religion und Gewalt (Anm. 52), S. 177, Anm.
    27; zu Talbot immer noch lesenswert: Dolf Sternberger: Talbot, der
    einzig Nüchterne. Versuch einer Deutung [1936]. In: Ders.: Figuren
    der Fabel. Essays. Frankfurt am Main 1950, 2. Aufl. 1990, S. 129–140.

70 Montaigne: *Essais*, I.20.

71 Vgl. Epikur: *Brief an Menoikeus*, 125: »Das schauerlichste aller Übel,
    der Tod, hat keinerlei Bedeutung für uns; denn solange wir da sind, ist
    der Tod nicht da, und wenn der Tod da ist, dann sind wir nicht da«;
    Lukrez: *De rerum natura*, III, V. 830: »Der Tod geht uns also nichts
    an« (»Nihil igitur mors est ad nos«).

72 Vgl. Safranski: Schiller oder die Erfindung (Anm. 1), S. 343 f. (Schiller
    an Körner, 10.4.1791; 24.5.1791); S. 525 (Schiller an Caroline von Wol-
    zogen, 8.5.1805).

Siglen

BA Friedrich Schiller: Sämtliche Werke. Hrsg. von Hans-Günther Thalheim u.a. 10. Bde. Berlin u.a. 1980–1990 [Neuauflage Berlin 2005].

DWb Deutsches Wörterbuch von Jacob und Wilhelm Grimm. 16 Bde. Leipzig 1854–1954.

FA/G Johann Wolfgang Goethe: Sämtliche Werke. Briefe, Tagebücher und Gespräche. Hrsg. von Friedmar Apel u.a. 40 Bde. Frankfurt am Main 1985–2013.

FA/S Friedrich Schiller: Werke und Briefe. Hrsg. von Otto Dann. 12 Bde. Frankfurt am Main 1988–2004.

GB Johann Wolfgang Goethe: Briefe. Historisch-kritische Ausgabe. Im Auftrag der Klassik-Stiftung Weimar / Goethe- und Schiller-Archiv / (ab 2017:) In Verbindung mit der Sächsischen Akademie der Wissenschaften zu Leipzig und der Mainzer Akademie der Wissenschaften und der Literatur im Auftrag der Klassik Stiftung Weimar / Goethe- und Schiller-Archiv hrsg. von Georg Kurscheidt, Norbert Oellers und Elke Richter. Bd. 1 ff. Berlin 2008 ff.

GJb Goethe-Jahrbuch. – Jahrbuch der Goethe-Gesellschaft. – Goethe. Vierteljahresschrift der Goethe-Gesellschaft. Neue Folge des Jahrbuchs. – Goethe. Viermonatsschrift der Goethe-Gesellschaft. Neue Folge des Jahrbuchs. – Goethe. Neue Folge des Jahrbuchs der Goethe-Gesellschaft. – Goethe-Jahrbuch. 1880 ff.

GT   Johann Wolfgang Goethe: Tagebücher. Historisch-
          kritische Ausgabe. Im Auftrag der Stiftung Weima-
          rer Klassik hrsg. von Jochen Golz unter Mitarbeit
          von Wolfgang Albrecht, Andreas Döhler und Edith
          Zehm (ab 2014:) Im Auftrag der Klassik Stiftung
          Weimar hrsg. vom Goethe- und Schiller-Archiv.
          Bd. 1 ff. Stuttgart/Weimar 1998 ff.

GSA   Klassik Stiftung Weimar, Goethe- und Schiller-Ar-
          chiv

GWb   Goethe Wörterbuch. Begründet von Wolfgang
          Schadewaldt. Hrsg. von der Deutschen Akademie
          der Wissenschaften zu Berlin (ab 1972: Akademie
          der Wissenschaften der DDR; ab 1992 Berlin-Bran-
          denburgische Akademie der Wissenschaften), der
          Akademie der Wissenschaften zu Göttingen und der
          Heidelberger Akademie der Wissenschaften. Bd. 1
          ff. Stuttgart/Berlin/Köln/Mainz 1978 ff. (1. Liefe-
          rung 1966).

JDSG   Jahrbuch der Deutschen Schillergesellschaft. In-
          ternationales Organ für neuere deutsche Literatur.
          Berlin 1957 ff.

MA   Johann Wolfgang Goethe: Sämtliche Werke nach
          Epochen seines Schaffens. Münchner Ausgabe.
          Hrsg. von Karl Richter in Zusammenarbeit mit Her-
          bert G. Göpfert, Norbert Miller, Gerhard Sauder und
          Edith Zehm. 21 Bde. München/Wien 1985–1998;
          Registerband 2014.

NA   Schillers Werke. Nationalausgabe. 1940 begründet
          von Julius Petersen. Fortgeführt von Lieselotte Blu-
          menthal, Benno von Wiese, Siegfried Seidel. Hrsg.

im Auftrag der Stiftung Weimarer Klassik und des Schiller-Nationalmuseums in Marbach von Norbert Oellers. Bd. 1 ff. Weimar 1943 ff.

SW   Friedrich Schiller: Sämtliche Werke. 5 Bde. Auf der Grundlage der Textedition von Herbert G. Göpfert hrsg. von Peter-André Alt, Albert Maier und Wolfgang Riedel. München 2004.

WA   Goethes Werke. Hrsg. im Auftrage der Großherzogin Sophie von Sachsen. I. Abtheilung: Werke. II. Abtheilung: Naturwissenschaftliche Schriften. III. Abtheilung: Tagebücher. IV. Abtheilung: Briefe, Weimar 1887–1919 [Reprint München 1987]; Goethes Werke. Weimarer Ausgabe. Nachträge und Register zur IV. Abteilung: Briefe. Hrsg. von Paul Raabe. 3 Bde. München 1990.

Autor*innen

ALT, Peter-André, Freie Universität Berlin

RIEDEL, Wolfgang, Prof. Dr., Universität Würzburg

ZUMBUSCH, Cornelia, Prof. Dr., Universität Hamburg

Publikationen des Schillervereins Weimar-Jena e.V.

2020: Schillers Nachleben in Goethes Denken und Dichten. Mit Beiträgen von Achim Aurnhammer, Helmut Hühn und Ariane Ludwig. ISBN 978-3-00-067383-2

2019: Friedrich Schiller und Wilhelm von Humboldt. Mit Beiträgen von Cord-Friedrich Berghahn, Manfred Geier und Michael Maurer. ISBN 978-3-00-063950-0

2018: Schiller und die Romantik. Mit Beiträgen von Alice Stašková, Nikolas Immer und Astrid Dröse. ISBN 978-3-00-060572-7

2017: Schillers Balladen. Mit Beiträgen von Eva Axer, Klaus Dicke und Anne-Sophie Renner. ISBN 987-3-00-056831-2

2016: Charlotte von Schiller als Dramatikerin, Übersetzerin und Leserin Goethes. Mit Beiträgen von Gaby Pailer, Ariane Ludwig und Helmut Hühn. ISBN 987-3-00-053455-3

2015: Schiller und seine Verleger. Mit Beiträgen von Siegfried Seifert und Bernhard Fischer. ISBN 987-3-00-050201-9

2014: Schillers *Wallenstein*. Mit Beiträgen von Norbert Oellers, Gerrit Brüning und Claudia Sandig. ISBN 978-3-00-047377-7

2013: Schillers Schreiben. Mit Beiträgen von Jörg Robert, Sebastian Böhmer und Matthias Löwe. ISBN 978-3-00-042923-1

2012: Schillers Lyrik. Mit Beiträgen von Jutta Heinz, Volker C. Dörr und Thomas Boyken. ISBN 978-3-00-038832-3

2011: Friedrich Schiller – Orte der Erinnerung. Mit Beiträgen von Paul Kahl, Michael Davidis und Lutz Unbehaun. ISBN 978-3-00-035582-0

2010: Schiller und Europa. Mit Beiträgen von Daniel Fulda, Birgit Harreß, Stefan Matuschek, Eric Moesker, Yvonne Nilges und Gert Ueding. ISBN 978-3-00-032000-2

2009: Schillers Familie. Mit Beiträgen von Michael Davidis, Gaby Pailer und Christine Theml. ISBN 978-3-937384-55-9

2008: Schiller und der Weimarer Hof. Mit Beiträgen von Alexander Schmidt, Nikolas Immer und Olaf Müller. ISBN 978-3-937384-43-6

2007: Schiller und Frankreich. Mit Beiträgen von Michael Hofmann und René-Marc Pille. ISBN 978-3-937384-32-0

2006: Schiller 2005. Mit Beiträgen von Friedrich Dieckmann und Norbert Oellers. ISBN 978-3-937384-22-7

2005: Der dreifache Demetrius. Schiller, Hebbel, Braun. Mit Beiträgen von Mirjam Springer, Monika Ritzer und Bernd Leistner. ISBN 978-3-937384-12-x

2004: Das Schöne und das Erhabene. Mit Beiträgen von Brigitta-Sophie von Wolff-Metternich und Michael Hofmann. ISBN 978-3-937384-01-4

2003: *Das Eleusische Fest, Kassandra.* Zu zwei Gedichten Schillers. Mit Beiträgen von Jochen Golz und Andrea Bartl. ISBN 978-3-933679-87-7

2002: »...schwankt sein Charakterbild in der Geschichte«. Zu Schillers *Wallenstein.* Mit Beiträgen von Dieter Borchmeyer und Hans-Dietrich Dahnke. ISBN 978-3-933679-75-3

2001: Am Beginn der Moderne. Schiller um 1800. Mit Beiträgen von Norbert Oellers und Wolfgang Riedel. ISBN 978-3-933679-63-X (vergriffen)

2000: Die »ganze moralische Welt« und die Despotie des Ideals. Zu Schillers *Don Karlos.* Mit Beiträgen von Klaus Manger und Regine Otto. ISBN 978- 3-933679-48-6

1999: *Kabale und Liebe* – ein Drama der Aufklärung? Mit Beiträgen von Peter-André Alt und Hans-Jürgen Schings. ISBN 978-3-933679-26-5

1998: Caroline von Wolzogen (1763–1847). Tagungsband. Hrsg. von Jochen Golz. ISBN 978-3-929146-86-X (vergriffen)

1997: B. K. Tragelehn: Räubertheater; Bernd Leistner: Der beleidigte Halbgott. Zum entstehungsgeschichtlichen Kontext von Schillers Balladen; Hans-Dietrich Dahnke: *Der Kampf mit dem Drachen.* Von Dienstbarkeit und Indienstnahme einer Dichtungsart. ISBN 978-3-929146-67-3

1996: Christian Hecht: »Mich hält kein Band, mich fesselt keine Schranke«. Das Schillerzimmer im Weimarer Schloß; Rolf Selbmann: Der Gipfel der deutschen Poesie. Rietschels Goethe-Schiller-Denkmal im Kontext. ISBN 978-3-929146-54-1

1995: Jochen Golz: »Glückliches Ereigniß«; Helmut Brandt: Goethe und Schiller – das Bündnis der Antipoden; Klaus Manger: Die »Sternenstunde« von Schillers *Wallenstein.* ISBN 978-3-929-146-36-3 (vergriffen)

1994: *Wunderseltsame Historia.* Ein politisches Gedicht aus dem Jahr 1783. Faksimile der Handschrift und des Erstdrucks, ausgelegt von Georg Kurscheidt und Volker Wahl. ISBN 978-3-929146-18-5 (vergriffen)

1993: Wolfram Huschke: Schiller-Vertonungen im frühen 19. Jahrhundert; Wolfgang Marggraf: Schiller auf der italienischen Opernbühne. ISBN 978-3-929146-11-8

1992: Kurt Wölfel: Der Held und das Panoptikum der Macht und der Tugend. Über Schillers *Fiesko*; Horst Nahler: Ein »Produkt der Begeisterung« in den »Gränzen der Theatralischen Welt«. Die Fassungen von Schillers *Fiesko*-Drama. ISBN 978-3-928882-69-4